FLASH CRASH
闪电崩盘
金融市场的投资陷阱

［英］利亚姆·沃恩（Liam Vaughan）著
张美玲 译

中国友谊出版公司

图书在版编目（CIP）数据

闪电崩盘 : 金融市场的投资陷阱 / (英) 利亚姆·
沃恩著 ; 张美玲译. -- 北京 : 中国友谊出版公司,
2021.9
　　书名原文: Flash Crash：A trading savant,a
global manhunt and the most mysterious market
crash in history
　　ISBN 978-7-5057-5308-2

　　Ⅰ.①闪… Ⅱ.①利… ②张… Ⅲ.①金融危机 – 研
究 – 美国 Ⅳ.①F837.125.9

中国版本图书馆CIP数据核字（2021）第175442号

著作权合同登记号 图字：01-2021-4765

Copyright © 2020 by Liam Vaughan
Published in agreement with C+W Ltd., through The Grayhawk
Agency Ltd.

书名　　闪电崩盘 : 金融市场的投资陷阱
作者　　[英] 利亚姆·沃恩
译者　　张美玲
出版　　中国友谊出版公司
发行　　中国友谊出版公司
经销　　北京时代华语国际传媒股份有限公司　010-83670231
印刷　　唐山富达印务有限公司
规格　　880×1230 毫米　32 开
　　　　7.5 印张　135 千字
版次　　2021 年 9 月第 1 版
印次　　2021 年 9 月第 1 次印刷
书号　　ISBN 978-7-5057-5308-2
定价　　56.00 元
地址　　北京市朝阳区西坝河南里 17 号楼
邮编　　100028
电话　　（010）64678009

‖‖‖‖ 序曲

　　2015 年 4 月，一个阴冷的星期二早晨，六名便衣警察、两名美国联邦调查局（Federal Bureau of Investigation，简称 FBI）特工和两名来自美国司法部（Department of Justice，简称 DOJ）的检察官在伦敦郊区豪恩斯洛的一家麦当劳餐厅集结。这里位于热闹非凡的环岛上，附近是希思罗机场，原来是一家名为"旅人之友"的酒吧，现在和其他任何一家麦当劳餐厅都没有区别，色彩如幼儿园一样缤纷，灯光明亮，空气中混着燃烧的油脂和消毒剂的味道。餐厅里这一行人睡眼惺忪地互相打了招呼，在店里一处安静的角落，最后一次推演他们的计划。当太阳升起，郊区的人们开始新的一天时，警察也开始行动，去执行他们已经努力了两年多的任务——抓捕世界上最危险且获利最多的市场操盘手之一。

　　当警察和特工们驾车离开停车场之后，布伦特·威布尔和麦克·奥尼尔这两位来自美国的检察官才坐下来点了早餐。那原本是他们要执行的任务，但因为身处英国，伦敦警察厅的人接手了抓捕行动，他们只能通过电话接收最新消息。

闪 电 崩 盘
FLASH CRASH

抓捕的对象是一个 36 岁的伦敦人，名叫纳温德·辛格·萨劳，他通过各种有争议的手段在美国期货市场上赚取了 7000 万美元。美国政府认为他促成了最戏剧性的一次市场暴跌，即 2010 年的"闪电崩盘"事件。

数月以来，美国方面的调查人员一直远程监控萨劳，浏览他的电子邮件、追踪他的资产、询问他的同事并监视他的行踪。然而，没有一个调查人员见过萨劳本人，从某种意义上来说，他仍然是个谜。调查人员知道萨劳独自在父母的房子里进行交易，他为自己对华尔街和高频交易（High-Frequency Trading，简称 HFT）世界的陌生而自豪，他认为那个圈子里的人都是书呆子。但是相关资料显示，萨劳进行市场交易的金额常常会高过世界上最大的银行和对冲基金。调查人员听说过萨劳在芝加哥商品交易所（Chicago Mercantile Exchange，简称 CME）恐吓员工的事，那里也是萨劳从事交易活动的虚拟场所。当萨劳操着一口介于伦敦工人与亚洲地痞之间的口音威胁要砍掉这名员工的拇指时，那名员工已经吓得浑身发抖，但萨劳的经纪人则称萨劳像只温顺的小猫，是去上班途中都会迷路的那种人。

警察花了 5 分钟到达萨劳的住址，一幢米黄色、上下两层半独立的房子，有一个塑料门廊，屋顶上有一个碟形的卫星天线，与周围的建筑并没有什么不同。萨劳的父母在 1982 年买了这幢房子，他们那时从印度的旁遮普搬过来还没有多久。豪恩斯洛是拥有庞大锡克教教徒的社区，而且它位于希思罗机场飞行航道的下方，因此，这里的房子价格很便宜。萨劳 3 岁的时候就看着飞机在他头顶上轰鸣而过，甚至有时都能数清上面有几扇窗子。在成长过程中，他经常和两个哥哥或是邻居家的小孩赛跑，而那时的赛道，现在正停放着警察的无标志警车。正如 DOJ 通过追踪萨劳的 IP 地址所知道的那样，这些日子他更倾向于夜间交易，晚上 10 点左右才在美国市场上交易，然后一直熬到凌晨 4 点，所以他很少能在第二天的中午之前醒来。当警察在早上 8 点按响他家的门铃时，萨劳还在熟睡之中。

开门的是萨劳的父亲纳查塔尔，身材矮小，留着灰白的胡子。警察对他说明情况之后，他把萨劳叫了起来。萨劳穿着一条肥大的运动裤和一件 T 恤衫出现在门厅，有几缕头发已经翘了起来。

"萨劳先生，我们是伦敦警察厅的，现在将以涉嫌欺诈罪和操纵市场罪逮捕你。你可以保持沉默，但如果在提问时你有所隐瞒，会对你在法庭上的辩护不利，你所说的每一句话都将作为呈堂证供。你听明白了吗？"负责这次行动的警官说道。

萨劳家的情况吸引了邻居们的注意，邻居们透过网眼纱帘注意着外面的情况。萨劳的母亲达尔吉特正在街道对面的大儿子贾斯文德家中，听到消息后，她迷迷糊糊地跑回家里。豪恩斯洛是西伦敦比较贫穷的居民区之一，警察出现在这里并不罕见，但是很少见到这么一大批的警察。邻居们不知道警察找萨劳一家干什么，在他们眼里，这是一个谦卑、正派的家庭，不会招惹什么麻烦。

警察告诉萨劳可以先去洗个澡，再拿些衣服，他的父母则默默地在厨房里等着。萨劳整理完毕后，警察们开始搜查他的房间。萨劳楼上的卧室很乱，并且散发着一股发霉的臭味。房间里有一张单人床、

闪 电 崩 盘
FLASH CRASH

一只拉布拉多大小的毛绒老虎、一台连接着游戏机的大电视，还有一个储藏柜，柜里放着能够促进毛发生长的润发油和提亮肤色的护肤液，墙上挂着一双镶框的粉色足球鞋，上面有莱昂内尔·梅西的签名。

所谓的犯罪现场其实就是床尾的小型工作台，上面放着萨劳所有的计算机设备，连着网线并带有三个屏幕的台式机、几个硬盘驱动器和一台看起来有些过时的摄像机。这里就是萨劳积累财富并搞乱金融体系的地方吗？这实在让人想不明白。

此时的麦当劳里，两位检察官正在等待萨劳被捕的消息，然后他们就可以打电话给美国商品期货交易委员会（Commodity Futures Trading Commission，简称CFTC）的检察官杰夫·勒·里奇，他此时正在堪萨斯的家中等待，那里的时间是凌晨3点。

期货业的指定监管机构CFTC在2012年就接到了关于萨劳的举报并开始调查，但作为一个民间机构，它的权力有限。因此，CFTC在2014年把此事交给了DOJ调查，而现在，他们一起合作。CFTC调查组的负责人杰夫·勒·里奇收到萨劳被捕的确认信息后，发出了几封预先写好的电子邮件，指示萨劳的经纪人和离岸银行冻结萨劳的账户。

还没有到中午，萨劳已经戴着手铐被带到了外面。那天晚上有一场足球比赛，萨劳想回到楼上录下来，他对其中一名警官说："等一下。"

警官答道："孩子，我不确定你还能不能有时间看了。"

那个警官说的没错。萨劳没有几个月是回不了家的。那时，他会因"闪电崩盘交易者"或"豪恩斯洛猎犬"的名号而闻名全世界。到底是股市的灾祸还是当代的民间英雄，这要取决于问的是谁。

序　曲

||||||||||

当天下午，DOJ 和 CFTC 都发出了关于此次抓捕行动的新闻报道，阅读量惊人，DOJ 称："今天，一名期货交易者因涉嫌美国电子诈骗、商品欺诈和操纵市场罪在英国被捕，与其在 2010 年 5 月发生的'闪电崩盘'事件中发挥的作用有关。"DOJ 的新闻报道中继续写道，"萨劳使用一款自动交易的程序来操纵市场并获得了巨额利润，助力了美国股市的暴跌。"

对于众多记者和金融专业人士而言，这次公布的消息令人震惊并感到匪夷所思。一方面，"闪电崩盘"事件是 5 年前发生的事，那是灾难性的半小时，在股市恢复正常之前，当时世界各地的市场都崩溃了。随后，参议院举办听证会，学术论文和无数篇的跟踪报道接踵而至，但对于导致股市暴跌的原因却没有达成共识。而现在，美国政府出乎意料地声称已经解开了这个谜团——股市暴跌是因为一个独立进行市场交易的人，这个人来自伦敦，他在一家超市楼上的交易公司里掌握了此项技能。

这些发布的报道引发的问题比他们自己回答的还要多。如果政府所声称的内容是真实的，为什么官方花了这么长时间才采取行动？为什么在他们同时期的长达 104 页的股市崩盘报告中没有提到市场操纵？如果一个拥有一台电脑和联网状态的独立人士会造成如此严重的破坏，那我们该如何看待现代全球金融体系的稳定性？

对萨劳的指控是"幌骗"，即交易者下达大量买入或卖出的订单，诱使其他参与者效仿，然后在订单执行前将其取消，抬高或拉低价格后获利。萨劳是第二个被指控为"幌骗"的人，也是第一个被定罪的

闪 电 崩 盘

FLASH CRASH

非美籍公民。这是一种新型犯罪，在金融界颇受争议。因为受害人主要是获利丰厚的HFT公司，他们的交易手法是监控其他参与者的订单，并尝试使用计算机系统抢先其他用户一步。有人认为这种"幌骗"实际上让市场更加公平，它可以遏制被称为HFT的实体日益上升的主导地位,迈克尔·刘易斯在2014年出版的同名书中称这些实体为"闪击者"。无论如何，从我们依靠比画手势开始买卖商品的第一天起，误导和扰乱的战术就被认为是金融市场肉搏战的一部分。现在，在HFT行业的支持下，"幌骗"变成非法行为，这就好像在打扑克牌时禁止唬人一样。

　　美国官方相当谨慎地称萨劳的行为只是助力了股市崩盘，但这种细微的差别已经淹没在随后的新闻标题中。其中一个很典型的标题是《一个人如何破坏股市》。萨劳被捕的下午，记者、电视台的工作人员已经聚集在萨劳的家门口，萨劳的父母无法给出任何答案，纳查塔尔告诉一位记者："我对电脑一窍不通，我也是刚刚知道这些事情。"

　　这个故事的最终发展很疯狂，而故事背后隐含的是一个更大的格局，关于市场如何决定公司的价值，食品、燃料和养老金的规模在短短几年内随着技术进步所发生的变化，这个市场给我们许多进步的承诺，但其风险还没有被人完全理解。这是一个关于新金融精英出现的故事，他们拥有的聪明才智以及对金融体系的理解使得他们可以从普通投资者手中赚走数十亿美元，监管机构对此却束手无策。这个故事也告诉我们，当一个行业实现智能化，人被机器代替后，人本身还有多少价值。最重要的是，这是一个人拒绝接受自己的一手烂牌而不计后果进行反击的故事。

目　录

第一幕

第二幕

第三幕

第一幕

FLASH CRASH

横空出世

　　《伦敦标准晚报》在星期二的版面上刊登了这样一则小广告："招聘期货交易员实习生，大学毕业并具备以下能力：积极主动；善于分析；遵规守纪；目标明确；在压力之下也能表现良好。"

　　2003 年，萨劳将简历发给了独立衍生品交易员公司（Independent Derivatives Traders，简称 IDT），那时的他大学毕业已经两年了。萨劳在大学毕业后做了一段时间电话销售的工作，日子过得很辛苦。之后，他去美国银行的外币兑换专柜做行政的工作，在那里，他最接近交易的机会是帮交易场的上流人士预定交易。而在 IDT 邀请他去萨里郡的韦布里奇面试时，他已经失业好几个月了。

　　萨劳可能还不知道，这份工作就是为他量身打造的。萨劳 3 岁时偶然发现了一本关于乘法表的书，他将规则熟记于心，到了上学的年纪，他已经可以心算多位数的乘法。当萨劳看到一个问题时，答案不是一点一点算出来的，而是已经出现在脑海中。诀

闪 电 崩 盘
FLASH CRASH

窍在于他的记忆力，其他孩子在纸上费力计算时，萨劳在头脑中可以自然地掌握解题的每一个步骤。上高中时，题目变得更难了，但萨劳发现自己仍然不需要使用计算器。萨劳成绩最好的科目是数学和自然科学，他无须多加努力就可以得到 A 或 B 的成绩。对于老师喜欢的学生，在赫斯顿社区学校里是不受欢迎的，萨劳确保自己没有被误认为是这类人，他讲无伤大雅的笑话，脸皮也厚，很少准时上课。他的老师贝弗利·菲尔德·罗说萨劳是一个讨人喜欢的年轻人，非常聪明，也特别有趣，他的一位同学则说他爱搞恶作剧又能免受惩罚。

学校里的功课对萨劳来说很容易，足球才是他一直以来的最爱，他经常和朋友一起踢球。夏天的时候，他们会穿着廉价的足球队服，骑自行车去公园里踢球，一直踢到天黑，中途只在卖薯条的店里吃东西时才算休息一下。萨劳踢球时一直都是前锋，因为那是荣耀的位置，可以在过人之后完成射门或者助攻队友进球。后来，萨劳的注意力转向了电子游戏，尤其是足球游戏。每次他玩的游戏更新版本，他都会花几个小时来熟悉游戏里的新动作，直到在全球 300 万名玩家中排名前 1000 为止。令人吃惊的是，萨劳并不支持英格兰队，他喜欢的球队是巴塞罗那。对他来说，成为团队的一分子没有比成为最棒的那个人更重要。

1998 年，萨劳离家去布鲁内尔大学念书，这是一所离豪恩斯洛并不远的中等大学。像大多数学生一样，萨劳和他的朋友们都没什么钱，但他的一个室友似乎总是有钱花。萨劳有一天问室友是如何买得起昂贵衣服的，他室友的回答是"靠交易"。当时，互联网行业正处在泡沫阶段，萨劳的朋友将他的助学贷款存入了一个经纪账户，然后通过买卖科技股票来资助自己上学。萨劳当时不觉得交易会有多难，于是，他开始上网搜索炒股技巧并翻阅金融理论的教科书，沉浸在和交易有关的资料里，然后设立自己的账户并进行一些试探性的交易。

　　IDT 位于维特罗斯超市的楼上。想要进入公司，到访者必须先绕到超市后面再走楼梯去公司。楼上有两个房间，其中较大的一间是"交易场"，里面有十几张桌子，每张桌子上有一台电脑，每台电脑都与世界上主要的商品交易所连接。一眼看过去，这里并没有一点金融公司的感觉，装饰单调、设备陈旧，俯瞰的话就像个停车场。韦布里奇是一个富庶的小镇，周围是高尔夫球场和汽车展厅，对于交易公司而言，这样的选址会让人觉得很奇怪。伦敦市中心的摩天大楼是著名的金融区，从这里过去需要坐 45 分钟的火车，无论从哪个角度来说，这里都和交易这个词相距甚远。

　　IDT 曾是众多快速增长的交易所和自营交易公司中的一员，这种现象首先兴起于英国和美国。业务模式非常简单，并且在一段时间内获利颇丰。IDT 会招募一群想要成为交易员的人，教给他们一些在股市上获得成功的必备技能，那些业绩出色的交易员会得到更稳定的资金支持，而业绩不好的人则会被削减资金。员

闪 电 崩 盘
FLASH CRASH

工每月需要支付 1700 美元左右的办公桌使用费，交易的收益会和公司分成，新人会得到 50% 的收益，出色的交易员甚至可以得到收益的 90%。IDT 还会在每一次的交易中收取小额费用，称为"一次双边交易"，只要交易员下单，费用就会叠加。这意味着团队里的每个人是否都在赚钱其实没那么重要，只要有人进行交易，总会有一些"大赢家"。正如对手的交易所老板所言："淘金热期间，卖铁锹的人通常会发财。"

　　对于看着《华尔街》和《颠倒乾坤》这类电影长大却无法在摩根、大通这种公司找到工作的大学毕业生来说，能在 IDT 这样的公司接触金融交易的机会是非常诱人的。IDT 在新的交易员报到时会进行一次振奋人心的演讲，告诉他们最好的交易员可以自由安排自己的时间、穿人字拖上班，还能赚到足球运动员的钱。交易员要做的是尽可能准确地预测股市涨跌，之后就会变得富有而自由。而现实是，一味地付出成本想击败市场是非常困难的，特别是信息缺乏流动的时候。

　　萨劳和其他候选人需要通过 3 次测试。首先对候选人进行大脑反应测试，这是一项多选的心理测试，用于测试他们的图像识别和文字推理能力。之后是一对一的测试，要求候选人快速心算出两位数乘以三位数的结果。通过前两轮测试的人，几天后会被邀请进行两个小时的面试，询问候选人如何应对各种假设的情景。IDT 一直在寻找具有主导能力、分析能力、社交能力、冒险精神

第 一 幕

ⅠⅠⅠⅠⅠⅠⅠⅠⅠⅠⅠⅠⅠ

以及对股市充满热情的人。

面试小组的成员包括 IDT 的创始人保罗·罗西、他的弟弟马可·罗西、初级合伙人丹·戈德伯格和组织面试的一些人，他们就像一个反常的家族式公司。保罗·罗西是大家长，身材矮小、沉默寡言，在八九十年代依靠在伦敦的期货交易场中孤注一掷而赚了大钱，37 岁时在韦布里奇拥有了一栋与艾尔顿·约翰（英国摇滚明星）一样的宅邸。他身穿剪裁考究的夹克衫，里面是一件高领毛衣，开着一辆新买的法拉利来到办公室。保罗·罗西就是个行走的广告牌，仿佛在告诉这些应聘者将会取得怎样的成就。在他下面管理日常事务的是马可·罗西，比保罗·罗西小两岁，按照保罗·罗西的吩咐做事。20 多岁的丹·戈德伯格是这个"家族"里名副其实的年轻人，在成为罗西兄弟的场内跑手之后，他被带到韦布里奇，负责对交易员的监管工作，在履行自己的职责时，他勉强可以掩饰自己的轻蔑之态。他穿着一件 T 恤，在办公室里走来走去，像伦敦水手一样咒骂着。

萨劳通过了前两轮的测验，他回答心算问题的速度比考官用计算器算出答案的时间还要快，这给罗西兄弟留下了深刻的印象，但面试的时候，萨劳没有给人留下太多的好印象。他面试的那天迟到了，加上身形消瘦，看起来贼头贼脑的，穿着的西服也感觉不是他自己的。萨劳说话的时候还拒绝和别人进行眼神交流，并且总是以"哥们"或"兄弟"这样的词来开头。当时的萨劳还未经打磨，但他很有潜力，他对游戏的兴趣让他十分专注并且手眼的协调性很好，而且他对自己的幽默水平很自信。当面试小组成员问他希望在自己的职业生涯中取得什么成就时，他一本正经地说自己想和沃伦·巴菲特一样富有并且经营自己的慈善事业。最终，萨劳成功通过面试，成为 IDT 公司第二批招募的交易员之一。

　　像大多数英国期货交易场一样，IDT 公司的起源可以追溯到 1982 年，那一年，伦敦国际金融期货交易所（London International Financial Futures and Options Exchange，简称 LIFFE）开张。期货指的是一种金融合约，一方同意将一项资产出售给另一方，在将来的某个日期交割，目的是允许企业对冲潜在风险。例如，一个养猪专业户，他需要半年的时间喂养自家的猪，他就可能在今天同意购买一定量的小麦，从而消除小麦价格不时上涨的风险。当然，小麦的价格之后也可能下降，而他可能会错过一些潜在的节省成本的机会，但他现在通过固定成本价而获得的稳定性和可预测性是值得的。不久之后，第二类投资者，即投机者开始出现在交易场上，他们使用自有资金买卖期货，唯一目的就是获利。例如，一个投机者听说小麦即将丰收而预测小麦价格会下跌，那他现在将卖出一些小麦的期货，希望以后能以更低的价格购回。投机者对小麦没有任何兴趣，这只是对另一种资产下注而已，无论购买的是黄金或是通用汽车股票，都没有实质上的不同。

　　100 多年以来，期货主要在芝加哥期货交易所（Chicago

第 一 幕

IIIIIIIIIIIIII

Board of Trade，简称 CBOT）和 CME 进行交易，撒切尔夫人在1979 年当选英国首相后，开启了一个掠夺资本主义和放松管制的时代。3 年后，一个被欧洲市场完全关注的金融期货诞生了，即与债券、股票、外汇和利率的期货价值挂钩的工具，是与小麦这样的商品期货截然相反的一种期货形式。LIFFE 始于皇家交易所，那是一个位于英格兰银行对面的体育馆，在 1571 年建立，是商人们聚集的场所。金融交易者因其"粗鲁的举止"而被禁止进入场内，而 400 年后，金融交易者则接管了这个地方。

通过 LIFFE 大门的第一批参与者被授予"首日交易员"的殊荣。其中包括大卫·摩根，他是一位企业家，在卡纳比街上开了一家精品店，据说他在 20 世纪 70 年代通过向尼日利亚出售鱼干发了财。大卫·摩根是一个严谨的矮个子男人，举止温文尔雅，小胡子修剪得整整齐齐，大家都称他为"上校"。交易员走过去时，都会向他致敬。大卫·摩根并不是最伟大的交易员，但他可以看出别人的潜力，然后开始推荐新人。被推荐的新人中有许多是来自工薪家庭的高中毕业生，这些人崇拜大卫·摩根，也乐于牺牲自己的部分利润而得到赚大钱的机会。

保罗·罗西还记得当时在皇家交易所等待重大经济通告发布的时刻，他回忆说："即使是现在回想那一刻，我脖子后面的汗毛还会竖起来。你走进那里，震撼你的第一眼就是人们兴奋的状态，然后是噪声。每个人都在叫嚷，手臂举向空中，试图引起其他人

闪 电 崩 盘
FLASH CRASH

的注意，交易区的女孩们也在疯狂地尖叫，那个场景就像转换到足总杯决赛的温布利球场一样。我立刻知道，我想去那里。"

交易所的大厅总是挤满了汗淋淋的人，他们在这里进行交易。交易员们每天的工作要紧张地持续 8 个小时，根据人们的手势来处理流水般的订单，在交易区的边缘来回奔忙。而在交易区关闭后，这地方就变得空荡荡，人们都挤到了酒吧里。LIFFE 的生态系统主要由 3 类人群组成，分别是摩根大通和高盛这样公司的经纪人，他们穿着华丽的外套并担任中介的角色，通过电话处理来自全球公司和养老基金客户的订单；场内跑手，穿着黄色的衣服，负责传送信息，同时尽量避免酒吧里的抛落物和别人的谩骂；穿着红色外套，处于食物链顶端的自由经纪人，这类投机者通过交易，为自己的账户赚取利润。最后这类人以冷酷无情著称，根据不同的时间来选择站在买卖的哪一方，这种不确定选择给交易市场提供了流动性的必要特质。

保罗·罗西辞去了当时的工作，以减薪的代价成为大卫·摩根期货公司的场内跑手。不到两年的时间，他就已经开始负责交易。26 岁时，他成为一名自由经纪人，可以在债券交易中买卖德国政府的债券期货，这是当时最大也最具挑战性的交易。不久之后，他创立了自己的公司，开始支持新一代交易员。辨识未来的交易之星并非易事，交易气氛也可能有些对抗性，老板们经常雇用身强体壮的前运动员作为贴身保镖，这样才能让自己在人群中

第 一 幕

||||||||||||

显得更沉稳。保罗·罗西这样成功的交易人却不同，他说话温和，体形也不会给人压迫感。对这个行业来说，头脑灵活、拥有忍耐力和决断力，这些才是更重要的。

保罗·罗西的交易方法是不断进行尝试，努力获取信息并树立全局观。"有时候对市场没有什么概念，但你开始持仓，即使只是持1手（一份合约），也可以学到一些东西，不要只是站在那里。开始交易后，你会惊讶地发现，当你买了不知道多少次1手后，心里希望价格上涨，然后看到价格一直没有上涨，最终不得不卖出了10手。这样一来，这1手就可以帮你做出决定，你就从那里重新开始。"

在交易中，人际关系至关重要。当经纪人有大笔订单要交易的时候，他首先会去找自己偏爱的交易员。一些有眼力的参与者经常找机会排到新近订单的前面，这是一种非法但不可避免的行为，被称为"抢先交易"。不过，其最终目标就是让订单变到足够大，假设你了解别人都不知道的信息，就可以通过建仓来把控市场，并且观察排在你身后的"小鱼"。一无所有的风险始终存在，但对于那些站在最高处的人来说，回报是巨大的。保罗·罗西曾说："我还记得26岁时赚了第一个100万美元，我打算赚到下个100万的时候犒劳一下自己，然后我做到了，我买了一辆法拉利。"

接下来的10年是保罗·罗西和其他交易员快节奏生活的10年，他们因与撒切尔夫人的隶属关系而被冠以"玛吉男孩"的美称，

闪 电 崩 盘
FLASH CRASH

媒体也会称他们为"雅皮士"。如果换到另一种生活中,他们中的多数人都将成为泥水匠或是安装工。在很长一段时间里,他们似乎是无敌的。1997年,为了纪念期货交易员的风光,LIFFE的新址外面竖起了一座雕像,一个男人拿着手机,领带松散着,嘴角挂着得意的笑容。如今,这尊雕像存放在一个博物馆里,如同场内交易员的命运一样。

大多数金融市场方面的历史学家都认为第一次使用计算机购买证券是在1969年12月。然而,纽约极讯公司的原始股票交易系统已经远远领先于时代,它很难在接下来的20年仍然受到市场欢迎。与穿着鲜艳夹克的人相比,计算机可以更快、更便捷地将买卖双方联系起来,但是将价值数百万美元的订单委托给一台机器是不值得冒险的,至少对于满足现状和既得利益的银行和经纪公司而言并不值得。

1987年10月19日的崩盘事件迫使人们不得不开始转变。在后来被称为"黑色星期一"的那天,道琼斯工业平均指数下跌了23%,美国民众损失了1万亿美元的财富。事后分析报告显示,许多经纪人急于控制损失,已经不再接听客户的来电。几年后,FBI指控CBOT的46名经纪人和交易员涉嫌欺诈和非法抢先交易,该行业的声誉又一次遭受重创。值得信赖的市场制造商已经茫然失措,新的交易系统在10年前已经大量涌现,开始允许交易商进行电子交易。在很长一段时间里,带有跑手和手势的"公开喊价"

第一幕

||||||||||||

与电子系统是同时存在的。最终，家庭计算机和互联网的普及让勇敢的场内交易员屈服了，买卖双方不需要再聚集在一个屋檐下，同时这也催生了全天候在家的投资者。在 LIFFE，传统交易形式结束来得缓慢而突然。

1990 年，打响第一枪的是"债券之战"，当时总部位于法兰克福的德国期货交易所推出了期货电子交易平台。LIFFE 最初并没有理会这种威胁，当交易数量开始下滑，LIFFE 才不得不认真对待，吹捧"公开喊价"的优势并对它的收费结构进行调整，LIFFE 终于意识到危机了。当德国期货交易所宣布将允许交易员免费使用其系统平台时，很多人都选择了离开。LIFFE 在那些极其重要的债券市场中所占份额从 1996 年的 70% 跌至一年后的40%，再之后是不到 10%，那段时间，每天去交易大厅的交易员也越来越少。到了 1998 年 8 月，债券市场永久关闭，其他市场也在那之后纷纷关门。

保罗·罗西试图为一些前交易所的人员提供安身之所，但很少有人可以成功过渡，他们发现自己被取代了。从理论上讲，在屏幕前买卖期货与面对面交易没有什么不同，但实际上，二者需要具备不同的技能，是完全不同的工作。一方面，在线交易是匿名的，从某种程度上来说，它让竞争环境变得更公平了。没有人知道与谁打交道时，蛮力就不再是一种资本。保罗·罗西离开了他的公司，休息了一年，然后又重新开始了。

闪 电 崩 盘
FLASH CRASH

2003 年 5 月，萨劳和 IDT 的其他新员工在韦布里奇集合。加上首次加入的人，花名册上一共有 12 名交易员。环顾整个房间，他们很明显是一群个性迥异且受过良好教育的人，尽管都是男性成员。维卡什·鲁加尼，他是亨利商学院的硕士，嗓音低沉，是一名板球爱好者；希拉兹·侯赛因，他是那种安静和勤奋的人；克里斯·莫里斯，一名身材高大、举止礼貌的英国人，本应该在城里的银行工作；彼得罗夫·约瑟夫迪斯，塞浦路斯人，声音洪亮，胸肌发达。还有 IDT 的风云人物布拉德·扬，一个善于交际的澳大利亚人，如果他走进一个陌生的酒吧，离开时肯定有了几个生死之交，怀里还抱着一个美女。

一名新员工回忆说："萨劳与我们其他人的出身截然不同。我们其他人都是来自中产阶级家庭，受过良好的教育，都非常国际化，他则是来自工人阶级家庭，一点也不专业。他无法像正常人一样对话，当他开口时，总是发表一些奇怪的言论。我们过去常称他是'土老帽'。"

在长达 8 个星期的时间里，萨劳的小组都在 IDT 的教室里熟悉交易的理论基础。一位前 LIFFE 交易员主讲经济学、市场、金融产品和风险管理的课程，也会布置作业，作业就是阅读一些经典的著作，比如《金融怪杰》《股票作手回忆录》《市场与市场逻辑》等；丹·戈德伯格生硬地讲解着如何使用交易软件下订单和取消订单；保罗·罗西讲一些关于在市场上拼杀的故事，这些故事可以让学员们大饱耳福。

在学习的过程中，这些学员知道了如何阅读图表并衡量市场概况，了解到各种市场崩盘的历史以及针对 17 世纪荷兰的郁金香热潮来讨论心理学的重要性。在培训期间，这些菜鸟学员每个月的薪水为 500 英镑（当时约为 800 美元），其中很大一部分都花在了去往韦布里奇乡村的车费上。为了收支平衡，他们在楼下的维特罗斯超市等待三明治打折，然后在隔壁闲置的办公室里吃掉。大多数学员都 20 岁出头，出了 IDT，他们几乎没有任何负担，互相之间很快就亲近了起来。小组的一名成员说："我们就像在军队里一样，没有钱，却怀揣着大梦想。"萨劳那时会在课堂上开开玩笑，但其他人在培训结束去酒吧放松时，他就会独自离开。

几个月后，这些新学员可以在模拟器上放开手脚，以实时价格买卖期货，其他时间里，他们则练习交易债券。不久之后，他们就迫不及待地希望使用真实的金钱来检验自己的技能，只有萨劳看起来很满足于不断监测市场状况以及探究其无尽可能性的状态。

在萨劳的小组中，约瑟夫迪斯在模拟练习中表现得最好，并且是第一个用真钱做交易的人。他会脸上挂着笑容在电脑屏幕上操作，但后来和刚开始的时候不同了，他每次进行交易时，市场似乎都在和他作对。他的同学们一直看着他的账户金额变成负数，然后越亏越多。某天下午收盘时，他损失了 2000 英镑。在他可以盈利之前，他必须先把这笔钱还给IDT，这是自负带来的惨痛教训，他们之后也会经历很多次这样的教训。

少 年 赌 客

谁都知道在萨劳交易时千万不要去打扰他。每天8个小时里，他都坐在靠近交易大厅一侧的一张桌子旁，脸和电脑屏幕的间隔很近，精神似乎处于紧绷状态。为了不受外界干扰，他戴着一副红色的、加强版的护耳器，这种护耳器是养路工人们的最爱。他不与任何人交流，只有他的手指在移动，除了交易市场之外，其他一切都与他无关。

芝加哥大学的米哈里·契克森米哈赖教授提出了"心流"的概念，是一种当个人完全沉浸于某件事里时所产生的超越性体验。当我们玩国际象棋、做瑜伽时，"心流"现象有很大概率会出现，其特征就是具有高度的专注力、掌控力和满足感，时间流逝，饥饿感和疲倦也随之消失，在这样的片刻，人会忘记了自己是谁，只是简单地做反应。对于有些人来说，这种状态是自然而然形成的，契克森米哈赖也将这些具有这种个性的人形容为"自主能动人格"，

第 一 幕

||||||||||||

与金钱、地位的渴望无关，这样做只是给自己奖励。

　　萨劳加入 IDT 之前，他发现自己可以比别人更专注，玩电脑游戏的时间也比别人长，他会在足球游戏里下注数百英镑，只为了打败全球排名前100的玩家。不过，一心一意也有一些负面影响，比如他从来都不太注意潜在的危险。上班途中，他经常从自己的摩托车上摔下来，还经常戴着头盔就坐下来开始交易。可一旦涉及期货交易时，萨劳的高度专注力就变成了一份礼物。

　　在 IDT 的几年时间里，让人分心的事情增多了。2005 年，IDT 将工作地点转移到了沃金，这是一个气候不太好的小镇，在韦布里奇的西北方向。罗西兄弟将公司更名为 Futex，并租用了基石大厦的整整一层楼，用混凝土和砖砌成的略显笨重的旧式建筑，与公共厕所和一间已经用木板封住的名为"老鼠与鹦鹉"的酒吧在同一街区。他们加大了招聘力度，每年培训两个班级，每班10人，并且降低了新成员的入职要求，培训课程也被压缩了。两三年之内，他们培养出 40 名左右的交易员。这些交易员的能力和背景千差万别，但他们都争先恐后地淘金，从早到晚都在绞尽脑汁地想办法赚取佣金。

　　办公室有接待区、分组讨论室、厨房和一个挂着拳王阿里海报的教室，罗西兄弟有自己的办公室，其他人坐在十几排桌子组成的交易大厅里，中间由人行道隔开，而那些看起来有点阴郁的盆栽则是人行道上的特色。交易室的氛围随着市场的起伏而变化，

闪 电 崩 盘
FLASH CRASH

新闻通过称为"矮箱"的扬声器转播出来，当诸如就业数据之类的重要经济消息宣布之前，交易室里就会有讨论声，丹·戈德伯格巡视时会像生气的图书馆管理员一样让学员们安静。有的交易员会在事情没朝着预期方向发展的时候骂一些脏话，萨劳发现所有这些消极因素和装腔作势的姿态会产生反效果。他后来告诉朋友："你会听到人们说'我不想交易'之类的话，这些话会让你泄气的。如果你不阻止这些负面情绪进来，它们就会对你产生影响。"

萨劳认为他的情绪对成功至关重要，因此他更加注意控制自己。他解释道："你必须让自己的意志坚定。很多人的潜意识在交易市场上开始自我嫌弃，你要保持自己的高自尊，让自己感觉这些钱都是我应得的！"萨劳的解决方法是让自己完全抽离其中，他的桌子在洗手间旁边，在交易室的最远处，与其他人隔了三排的距离。

在 Futex，拥有的显示器数量是荣耀的象征。对于一名交易员来说，通常有 8 到 10 个屏幕，上面充斥着图表、新闻报道和闪动的价格，就好像他们在给宇宙飞船下达指令一样。对市场有一个全面的了解，才能做出更好的决策，而且不得不说，这样看起来很酷。和其他时候一样，萨劳这时往往背道而驰，他将自己的装备简化成仅有两个屏幕，即使这样也足以让他用最有限的工具来赚钱。

第 一 幕

||||||||||||

　　萨劳的主要交易是标普 500 指数 E-mini，它是一种遵从标普 500 指数的期货合约。该前导指数包括纽约证券交易所和纳斯达克的大约 500 家最大的公司，随着美国企业股价的上涨和下跌，标普 500 指数也随之变化，这将美国企业的财富提炼成一个单一的数字。CME 的电子平台上每天买卖超过 2000 亿美元的 E-mini，交易量远远超过了基础股票的买入和卖出数量。它是世界上流动性最强的市场之一，银行、企业、对冲基金和资产管理人都在使用该平台来推测美国的经济前景或对冲其他投资。

　　为了配合美国的开放时间，萨劳大约在下午 2 点之前到达办公室，但他与 Futex 的大多数交易员一样，对美国公司本身的前景没什么兴趣，他从未去过美国，比起阅读《华尔街日报》，他更喜欢浏览足球网站。他不是沃伦·巴菲特那样的投资人，通过搜寻财务报告和销售数据来寻找被低估的公司；他也不是经济方面的专家，能够说出地缘政治事件和利率之间复杂的互相作用对市场可能产生的影响，他的眼光并不长远。萨劳是人们所说的投机者，一整天在市场上买入或卖出，得到很少的收益，并在价格出现大幅度波动时平掉头寸（个人或实体持有或拥有的特定商品、证券、货币等的数量）。在每场交易结束时，按照交易员的习惯，他要确保自己没有未完成的订单，保持平仓的状态，第二天再重新开始。

　　单个 E-mini 合约的价值（即最小的下单额）是将标普 500 指

闪 电 崩 盘
FLASH CRASH

数的当前价值乘以 50 美元来计算的。在 2007 年年中，标普 500
指数的交易价格约为 1500 美元，单笔合约的价值约为 75000 美元。
市场上涨 0.25 被称为浮动点数，无论当前价格如何，每 0.25 的
浮动都相当于每张合约价值变为 12.50 美元（0.25×50）。因此，
如果交易员以 1500 美元的价格买入 100 手（价值为 750 万美元），
等待价格浮动，然后卖出，他将盈利 1250 美元。当然，并不是每
个人都能坐拥 750 万美元，这是经纪人才能来的地方，经纪人充
当交易员和交易所之间的中介。即使在极端动荡的情况下，标普
500 指数一天也只有几个百分点的浮动。因此，他们宁愿要求客
户缴纳一些保证金用于弥补潜在的损失，也不会要求客户把钱都
放在自己的头寸总额里。即使这样，损失也会迅速增加，最后，
期货市场几乎被专业人员完全占据。

在任何金融交易所的任何时候，都有两个实时价格。当前卖
价，被称为最低报价，是人们愿意接受的最低价格；另一个就是
当前购买价格，称为最高买价，这是多数人愿意支付的最高价格。
两者价格之间的差异被称为买卖价差，在标普 500 指数 E-mini 的
交易中，这个价差很少能比价格浮动更大。

在 CME 的电子交易平台 Globex 上购买一手 E-mini 合约，交
易者必须先下订单，而订单主要有两种类型。如果他愿意以当前
的最低报价进行交易，假设价格为 1500 美元，交易员会提交"市
场订单"，交易将立即进行；如果他想少付一点钱，假设将出价

降到 1499 美元，并希望市场下跌 4 个点，这称为"限价单"，可以随时取消。一旦交易者执行任何一个类型的买盘，他就被称为"多头"。为了退出交易，他只要卖出相同数量的 E-mini，但愿他的卖出价格超过买入价格，之后将再次平仓。交易者还可以做空市场，或是笃定价格会下跌，通过执行相反的过程，卖出一些 E-mini，然后回购它们（在交易中，你可以卖出你并未实际拥有的东西，只要你能最终兑现即可）。

萨劳的电脑屏幕上会实时显示正在发生的交易以及进入和退出市场的订单，也称为中央限价订单簿（如图）。它看起来像一个包含三列的 Excel 阶梯图，数据在不断变化。中间列包含 20 种价格，由高到低排序，左右两列对应的是每个价格层级在排队等待交易的订单数量。总的来说，订单簿是能让你随时了解市场供求变化的一个必不可少的途径。

萨劳的电脑屏幕上还有一个简单的价格图表，标注了 E-mini 的增加和减少情况，用来衡量市场的整体氛围并找到可能重复的模式。一个交易员好奇地问他为什么关注这个表格时，萨劳解释说："这是张写满人们恐惧与贪婪的图表，你正在交易的其实是人们的恐惧和贪婪，他们不停地重蹈覆辙。作为一个整体，一切事物都能变成可以衡量的东西。"

对于很多人来说，整天盯着电脑屏幕上的数字和图表会有些枯燥，但对于那些愿意花时间去理解其中奥秘的人来说，那是会

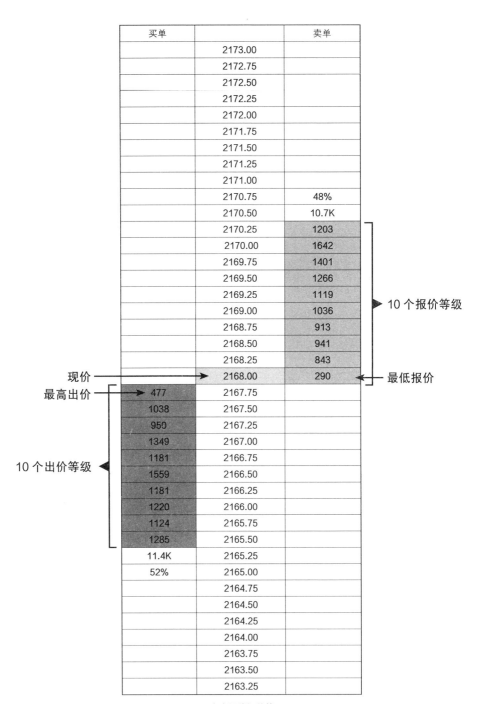

中央限价订单簿

第 一 幕

||||||||||||

让人上瘾的东西。与世界上最聪明的一群人进行的零和游戏，巨大、混乱，不断变化着，每次盈利都会让人分泌更多的多巴胺，每一次损失都是一次重大打击。保罗·罗西说："只有交易的时候，才能证明你还活着。"

投机者通过分析数据来判断市场的涨跌。举一个最简单的例子，如果剩余出价的总数大大超过了要价的数量，那么供应似乎将超过需求，因此可以合理地得出价格将下跌的结论。但是，其他的因素也要考虑，包括价格移动的速度以及剩余订单与最低报价或最高出价的接近程度。还有一个问题，是谁下的订单以及为什么下订单。例如，一项 10 亿美元的交易，一家国际养老基金在几个小时内逐步递增收购 E-mini，这可能会比一堆不断下单和取消订单以赚取零星点数的投机者对价格产生更大的影响。由于 CME 电子平台上的所有交易都是匿名的，无法确定交易对象的身份，但优秀的交易员对自己的对手会有所察觉并及时做出反应。

为了迷惑市场，订单簿中的出价和报价不一定反映买方和卖方的真实意图。前面提到的养老基金不会下一个巨额的出价订单，让市场偏移，而是很可能使用 CME 称为"冰山订单"的功能将其订单分解成小块。另一位交易员可能会尝试制造更多混乱，在订单簿中添加更多并不想完成的出价单，目的是诱使那些投机取巧的交易员加入他的行列并推高价格。就像交易场中穿着红色外套的自由经纪人一样，他正在谋求利用自己的感知能力来指挥市场。

闪 电 崩 盘
FLASH CRASH

这种永不过时的技巧可以解释为什么在期货市场上每10个订单中有9个在完成前就已经取消，就像扑克玩家试图从他们对手的下注方式或左眼上方的抽搐来推断对方手中的牌一样。

交易员将使用模式识别和统计分析来填补知识上的空白，每隔10分钟就有50份出价订单精准地出现在卖方市场？不，这也许是他们利用的一种算法。有人会不断买入要价139手的订单吗？也许这是一个自满的交易员，他并没有费心去混合自己的订单量。随着数百名市场参与者活跃起来，排列组合无穷无尽，就像一位爵士音乐家一样，他学会了音阶，就可以开始自己的即兴演奏。

萨劳能够下意识地评估订单簿并实时执行复杂的计算，他曾经说："在过去12次中，我看到价格以这种方式波动，另一件事发生的可能性是85%，我就会买入。"保罗·罗西在采访中惊叹于萨劳闪电般的计算能力，他的左手在键盘上方，右手放在鼠标上，以惊人的速度买卖着期货。"我知道这听起来很荒谬，但他就像《黑客帝国》里的尼奥或者《西部世界》里的机器人。"在Futex工作过的莱夫·希德回忆说："萨劳不仅是在观察市场，他还乐在其中。"

以新人身份加入Futex的4年后，萨劳赚到了40万美金，在交易大厅也获得了一些光环，很多人在这里甚至待不上一年。交易顺利的时候，他一天能赚2万美元或者更多，然后甩掉护耳器，戴上头盔，摇摇晃晃地开着摩托车回到豪恩斯洛。

第一幕

||||||||||||

　　新学员们被告知要注意一个安静的家伙，他穿着破旧的棕色皮夹克，每天下午 2 点到达，在交易室的后面交易美国期货。他们挤在风险经理的电脑旁，伸长着脖子好奇地看他持有的仓位，当他们手忙脚乱地下了 1 手和 2 手订单时，萨劳已经例行公事般地赌上了 100 手订单，意味着他"兄弟们"的资金在 700 万美元以上，在此水平上，每当 E-mini 浮动 1 个点时，他的账户便增加或减少 1250 美元。萨劳每隔几个小时站起来，蹦跳着跑去厨房，到了厨房，他会拿起装满牛奶的罐子，然后像贪食的动物一样直接灌下去。希德会跟着萨劳，询问萨劳那天对市场的看法。萨劳会告诉他一些方法，但个人的特质却无法传授。尽管如此，希德还是会跟在萨劳的身边，好像这种潜移默化的方式也能影响自己一样。

　　萨劳的某些决策会令其他交易员感到困惑。他们学到的第一课就是在进行任何规模交易的时候都要学会止损，止损是一项常置指令，一旦市场达到某个阈值，便自动进行买卖。比如一位 E-mini 的交易员认为标普 500 指数可能会上升，因此，他在支付金额浮动 20 点以下的位置会设置止损，以限制其潜在的下跌空间。止损是避免灾难性损失的重要方式，它是一种安全保证，可以确保糟糕的状况发生时，不会让人陷入万劫不复的境地。萨劳不喜欢止损，他说自己更喜欢"让交易呼吸"。这种理念风险很大，但也意味着陷入亏损时的交易有翻盘的机会。如果萨劳对某个仓

闪 电 崩 盘
FLASH CRASH

位有很强的信念并且他不想因为时时刻刻的变动而分心，他就会离开办公桌，然后在装在门廊上的一个拉杆上做引体向上。其他时候，他会躺在接待室旁边的沙发上用手机玩足球游戏。约瑟夫·迪斯回忆说："你要是问他在做什么，他会说自己正在做时间分析。"没人知道萨劳口中的时间分析是什么，这句话最后变成了一个流传开来的玩笑——"萨劳又开始进行时间分析了。"

萨劳从一开始便会争取更多的资本进行交易，每当他达到新的里程碑时，他都会大步走到马可·罗西的办公室，要求更高的风险限额。对于马可·罗西来说，萨劳在某种程度上让他处于一种尴尬的境地。一方面，萨劳是少数几只能下蛋的金鹅之一，他通过分割利润得到的钱足以养活十几名新的交易员；另一方面，他不想给萨劳足够的自由，那有可能会搞垮整个公司。

不止损、庞大的头寸和时间分析，这些都是萨劳的特质。他对风险无动于衷，不论他的头寸是1手还是100手，他的态度都不会改变。他认为交易成功就意味着策略正确，没有任何理由退缩。他后来告诉朋友："如果你不在乎钱，那就容易多了。就像玩足球游戏，你是为了赢球而玩，如果你赚到了钱，这些就是额外奖励。如果不好玩，我早就不会玩了。"

有些交易员在亏损的时候会抱怨自己的运气不好，责怪市场上不理性的疯子，甚至会讲上好几天的悲惨故事。萨劳有时候也会亏损，但交易大厅里没人知道。萨劳的行为和其他人不同，穴居动物不惜一切代价守护自己收集东西的本能在他的身上好像消失了，而这会让他释放自我，一次又一次地拿自己拥有的一切去冒险。萨劳曾经说："在我看来，那又不是失去任何一条胳膊或一条腿。如果钱永远赚不回来，那我就真哭了，但是我知道明天可以把钱赚回来。如果明天赚不回来，我可以花两三个月的时间把钱赚回来。所以，为什么要担心损失呢？每个人都在损失，你只需要去解决它。"

萨劳在市场上的传奇性成功显得有些突兀，因为这些成功与他的生活方式大相径庭。他没有从交易账户中取过一分钱，宁愿让它像分数一样积累得越来越多；他很久以前就不穿那件不合身的工作服了，开始穿着一件廉价毛衣和一条运动裤；午餐，更准确地说应该是晚餐，要么是三明治，要么是麦当劳的麦香鱼汉堡。他不抽烟，也不喝酒，更没有感情生活。当办公室的其他人每个星期五到酒吧放松时，萨劳都留下来继续交易。有次圣诞节，Futex 公司的所有人去了伦敦市中心的一家著名的夜总会，萨劳被拒之门外。其他人一再提醒他要打扮一下，但他去的时候还是穿着带有发黄商标的斐乐运动衫和运动鞋，他最后不得不偷偷溜进去，并且一整晚都在担心被保安发现。那些老一派的交易前辈，他们都愿意展示自己的成功，萨劳的行为却让人感到困惑——如果你不花钱，那你赚那么多钱的意义在哪儿呢？

对于交易员而言，他们的交易圣经要属埃德温·利非弗的《股

闪 电 崩 盘
FLASH CRASH

票作手回忆录》。该书于 1923 年出版，讲述了交易大师杰西·利弗莫尔的早年生活和智慧，他从 14 岁的时候就从投机性经纪公司的股票行情纸上预测价格，赚过很多钱，也赔过很多钱。在 Futex，初出茅庐的毕业生和头发花白的退伍老兵很像，他们常常翻看那些旧书，希望从中获得真知灼见。据说利弗莫尔因为在金融崩盘中获利的行为而被称为"少年赌客"，他有着审市查行的能力，通过对过去交易行为的仔细研究，他可以着眼于证券或期货的价格浮动并预测未来的发展方向。他认为价格浮动的原因几乎是偶然的，重要的是判断浮动的时机和方式。利非弗模仿利弗莫尔的口气在一篇著名的文章里写道："华尔街没有什么新鲜事，因为投机行为就像山川一样古老。无论股市发生什么事情，都是发生过的，并且会再次发生，我从未忘记过这一点。我想我真的记住了那些事情是什么时候发生以及如何发生的，实际上，我记得的是当时的交易方式，那种方式就是积累资本的途径。"

萨劳没有达到利弗莫尔的高度，但他的生活方式肯定更随心所欲，至少比结了 3 次婚的花花公子更节制些。但是几年后，Futex 的同事们指出了他们俩的一些相似之处：两个人都是从一无所有开始接触金融的，并且有着拍照式的记忆力；两个人都可以将情绪从他们的决定中分离出来并且愿意承担破产的风险；他们都为坚信自己的决定而骄傲，并讨厌与别人讨论交易，以免他们的直觉受到影响；两个人命运的终结都与市场崩盘密不可分。利弗莫尔在 1929 年通过做空股票赚了 1 亿美元（相当于现在的 10 多亿美元），但他最终挥霍了所有的钱，于 1940 年在曼哈顿的一家酒店的衣帽间里开枪自杀。利弗莫尔的一生就是一个警示寓言，它揭示了痴迷于金融市场的危险以及将自己的命运与市场中的虚妄紧密联系在一起所要承担的风险，而 Futex 的交易员们谈论的只是他的传奇技能罢了。

一个骗子

萨劳加入 Futex 的几周前，在一个很受欢迎的交易论坛上，出现一个标题为"艾略特和甘恩分析大曝光"的帖子。这篇帖子的作者是新加入该版块的一位成员，自称"一个骗子"，头像是一张小丑的图片。

在个人资料的介绍中，他将自己的交易风格形容为"胜利期"——损失确实会发生，但损失发生的频率与足球世界杯举办的频率一致。在"交易市场列表"下，他写道："只要能赚钱，我也会交易水果和蔬菜。"他的帖子底部附的签名上写道："羊儿们，快来到牧羊人这里，这里的土地肥沃而美丽。"

闪 电 崩 盘
FLASH CRASH

萨劳在网上大量关注金融话题时，他还是个24岁的交易新手，仍然在买卖个人股票而不是交易能够使自己富有的指数期货。他观察世界的特殊方式以及不可思议的自信在一开始就已经显露无遗，甚至在网站上的开场白就是对两位交易大师的交易理论的否定。拉尔夫·尼尔森·艾略特出生于堪萨斯州，是一名会计师，在1938年出版了一本名为《波浪理论》的书，这本书认为市场的波动是基于人群情绪的涨落，是可辨识和预测的，尽管市场的行情看起来是随机的，但实际上是基于斐波那契数列上的重复模式控制的，就如自然界中的许多规则。萨劳对此表示怀疑："我精通艾略特的波浪理论，实际上我掌握了电子波圣经，并据此做出了一些惊人的预测。但在扔掉有色眼镜后，我很快意识到图表中70%的时刻可以适应无数种根本没有模式的电子波动。这意味着如果仅限于该技术，那你到达的将是众人皆知的一条小溪而已。"

和艾略特同一时期出书的是威廉·甘恩，来自得克萨斯州，他的父亲是一位《圣经》不离手的棉农，他试图将几何学、天文学和占星学的原理应用于预测大宗商品市场的周期。萨劳给了甘恩更短的忏悔时间："好吧，让我来告诉大家，一个12岁的孩子都可以使用这种方法。这就是一种简单的代数方法，像我这样聪明的脑袋甚至不需要计算器就能算得出来。我质疑这里的每一位，你们是否曾用过甘恩的理论帮助你们赚过一毛钱。"

萨劳不是第一个对技术分析理论提出过质疑的人，其交易理念是使用图表和统计数据，而不是试图用经济基本原理来预测市场的变化。艾略特和甘恩都已经去世了，但他们各自的方法论被广泛地分开使用，在某些地区甚至已经被奉为圣经。对于那些刚刚正式学习金融和交易经验仅限于买卖几手股票的人，萨劳的自信已经震惊到了他们。这好比经济学专业的学生对约翰·梅纳德·凯恩斯的著作不予考虑，或者是没有作品出版的作家对查尔斯·狄更斯进行抨击。萨劳除了认为艾略特和甘恩的方法行不通之外，他的反对意见还基于一个基础——宇宙和个人都受到某种自然规律支配的观点。在萨劳看来，这样的观点意味着所有的事情都被预先安排好了。他在网上写道："你相信每件小事都是命中注定，我们仅仅是没有自由意志和选择的机器人。"萨劳为自己是一个自由思想者而自豪，他根据自己研究的这个持久的原则形成对世界的看法。他在后续的帖子中写道："我希望能告诉你，羊儿们如何摆脱追逐的牧羊人。你们中的大多数人甚至在不知情的情况下就照做了，我们都是在出生的时候就被设计好的，追随社会所谓的时尚、价值观等。错了，我们必须调动自己的思维来进行独立思考。"

不出所料，"一个骗子"的评论引起了不少争议。论坛中的一些会员成了艾略特和甘恩的拥护人，其他人则嘲笑萨劳粗鄙的措辞。其中一条评论写道："顺便说一句，请接受我的同情，因为听起来你家卧室的地板一定是塌了。"另一条评论写道："无

闪　电　崩　盘
FLASH CRASH

论骗子先生正在喝什么，我都会跟着一起喝。"萨劳并没有看到评论里有趣的一面，而是指责他们根本不理解自己在说什么。萨劳对于别人的评论写道："羊儿遇到聪明的动物就会产生敌意。"这次交流为萨劳在论坛上以后的表达定下了基调。在谈论交易的问题时，他会谩骂论坛里的其他人，甚至还发起了一项"骗子能预测未来吗"的投票活动，提供的选项包括"也许吧，但要面对他的预测结果会有些吓人"和"不再需要水晶球了，他什么都知道"。萨劳还打算发起一个关于"交易与生活"的研究小组，但在注册时，他拒绝提供任何详细信息。

最初，其他论坛成员发现"一个骗子"的帖子，当时的标题还是"纯天然天才的证据"时，让看到的人不禁觉得好笑。但是到了夏天，论坛里的发帖开始呈现出黑色的意味。随着伊拉克战争的爆发和"9·11"事件的发生，萨劳声称自己已经预见恐怖袭击的发生，而这归功于他对金融市场的判断力，并且认为这种无与伦比的判断力是世界上最强大的预测工具。当其他人抱怨萨劳没有同情心时，他写道："与大多数人不同，我更愿意直面真相，无论它有多可怕。也许未来15年内英国会爆发内战，那将会是一个更可怕的世界。"

萨劳在 Futex 待了几个月的时间，和其他来到韦布里奇学习期货交易的年轻人有着明显的区别。萨劳努力工作但人很安静，全神贯注地投入，然后这与工作之外的他对比会有些讽刺。当他

第 一 幕

||||||||||||

的同事们去酒吧放松时，他回到豪恩斯洛，会放出那个越来越自大的"骗子"。他在某天的论坛上发帖说："大家好，我知道你们很想念我，但你们不会承认。"然后预测了一下核恐怖袭击和暗杀乔治·布什的发生概率，分别是 80% 和 20%。

最终，"一个骗子"跨过了雷池。论坛的管理员警告他不得再恶意挑衅，论坛上的其他人则开始攻击他。"任何吹嘘预测恐怖袭击来获益的人都是极端卑鄙的。"其中一个人这样写道。萨劳否认他试图获得任何利益，并暗示他的批评者被大众媒体洗脑了。那天晚些时候，他写道："我为自己刺耳的语气道歉，但这个世界之所以是现在这个状态，是因为你们从没费心去了解过这个世界。"

"骗子"从论坛中消失了几个月，当他再次返回时，是关于他如何从交易个人股票转变为指数期货的新话题。他写道："你们可以猜到我做得还不错。"萨劳的话没有人回复，在沉默中，他又写道："羊儿们，快快回到你主人这里。没有他，你们一无是处。"

闪　电　崩　盘
FLASH CRASH

交易序幕

耐心地等待几年后，萨劳在 2008 年年初终于做成一笔可以载入 Futex 公司历史的交易，此举也让他进入了人生的重要时期。去年开始席卷全球的金融危机正在加紧步伐，经济局势不稳的消息频发，政府和中央银行支撑该市场体系所采取措施的新闻让市场动荡不安。市场上，标普 500 指数在过去一天浮动 40 ～ 50 点，而现在该指数通常会在 5 个点的范围内波动，这很不正常。这场混乱对整个经济来说可能是灾难性的打击，但是对于像萨劳这样可以靠此契机成长的交易员来说，这是一个福音。人们的情绪已经从慷慨激昂变为恐慌，这种状况下容易让投机者赚到钱。银行每次发出盈利预警或者对冲基金宣布要停业时，就表明市场沦陷的可能越来越大了。反应快的投机者只需要等待从扬声器中宣布出来的新闻，搭乘低迷期这趟便车，然后趁着世界上其他国家还没赶上这波之前，再等上一会儿，便可以离开。订单簿上挤满了被迫出售的卖方，他们别无选择，只能卸载资产来集资或对冲突变的投资组合。在这种反复无常的市场环境中，灾难的风险总会增加，但对于保罗团队的这些日内交易员来说，生活通常是美好的。

1 月初的一个傍晚，萨劳当时正在基石大厦的办公桌旁工作，他注意到德国 DAX 指数（该指数包含德国 30 家大型公司）有些

第 一 幕

||||||||||||

古怪，尽管负面消息不断流传，但订单簿中仍有大量的买入订单在排队。萨劳发现一旦完成出价，对方会迅速加满买单。结果，在当晚的整个过程中，尽管美国和欧洲大多数市场仍处于低迷状态，但德国指数却逐步走高。面对市场本应下跌的强烈信号，有人似乎对 DAX 指数期货有着贪得无厌的欲望。不管买入 DAX 的人是谁，他都有着强大的火力。在很长一段时间内，价值数亿美元的出价一直躺在订单簿中。

萨劳站起来去找布拉德·扬。他很少与其他人讨论交易策略，因为他很早就确定在 Futex 进出的培训师是在满嘴跑火车。如果他们真的知道自己在说什么，就不会愿意把时间浪费在一帮"菜鸟"身上。即便是 LIFFE 的传奇人物和 Futex 创始人保罗·罗西在尝试向萨劳提供建议时都会收到萨劳的白眼。但布拉德·扬不一样。他不仅能谈论一场精彩的游戏，而且还在准备这场游戏。当他感觉这是一次好交易的时候，他愿意冒着损失成千上万美元的风险。还有一点，布拉德·扬是德国 DAX 指数方面的专家。

布拉德·扬是在悉尼附近的一个冲浪胜地长大的，他在课余时间买卖股票，赚到钱之后就搬去了伦敦，一边旅行，一边生活，然后尝试进行期货交易。他表面上很悠闲，实际上却有着强烈的竞争意识，和萨劳一样，他对市场有着狂热的迷恋。萨劳和布拉德·扬在韦布里奇的关系一开始并不太好，布拉德·扬很讨厌厨房被弄得很脏，有一次他花了好几个小时才打扫干净，因为萨劳

闪 电 崩 盘
FLASH CRASH

在用微波炉加热鱼派时没有盖上盖子。当萨劳的鱼派爆开时，厨房里沾满了黏糊糊的胶状物，狭小的办公室充斥着鱼派的腥臭味。布拉德·扬对此大发脾气，开始冲萨劳叫嚷，萨劳也回骂了几句。剑拔弩张的氛围持续了几秒钟后，两个人突然相视大笑。从那以后，Futex 的两个明星学员之间建立起友好的竞争关系。

　　尽管萨劳那时在办公室里有一些声望，但布拉德·扬才是年轻交易员们真正想要变成的那种人。布拉德·扬在工作时会穿着得体，好像隔几个月就要去海滩度假一样；如果团队在周五的时候去酒吧，布拉德·扬就将信用卡留下，只要求他们能在取得成功的那天再回报他。有一次，布拉德·扬整个一周的交易都在盈利，他请团队里的所有人到一家豪华的酒吧里玩了一晚上。布拉德·扬是个很好的例子，看到他，就知道为什么有那么多人想要成为一名日内交易员——逍遥自在、富有魅力、可以掌握自己的命运，不用回应任何人并且可以赚到很多钱。

　　萨劳和布拉德·扬开始一起关注德国 DAX 指数，很晚才回家。第二天早上，他们看到该指数低开 90 点，大幅下跌，支撑市场的人似乎已经放弃并上床睡觉了。在接下来的几个小时中，DAX 期货与世界各地的市场步调一致，持续暴跌。但到了下午晚些时候，买盘重新出现，价格开始再次上涨。这是很离奇的现象，在股票的正常交易日的上午 9 点至下午 5 点 30 分，德国期货跟着全球趋势下跌，当股票市场休市且交易量减少时，DAX 期货一直保持交

第 一 幕

|||||||||||||

易直到晚上 10 点并开始走高，就像鲑鱼在逆流而上一样。目前还不清楚是谁造成了这种现象，也不知道这么做的原因。正如杰西·利弗莫尔在 1923 年所指出的那样——这些并不重要，重要的是这里面存在一种可以利用的趋势。

当天晚上，在回家之前，萨劳和布拉德·扬进行了一次尝试。他们俩会一起卖出几份 DAX 合约，然后看看之后发生的情况。如果市场下跌，就像前一个晚上一样，他们将在第二天早晨回购相同数量的合约，平仓以获利。如果没有的话，他们会接受成交价格，继续他们的生活。Futex 是不提倡将仓位开放过夜的，如果市场对你不利，你将无法迅速做出回应，但是他们多虑了。第二天早上，DAX 开盘下跌了 65 点，他们每人赚了 1 万多美元。到了第三天，周围的交易员注意到了他们的举动。媒体上仍然没有任何报道可以解释这一情况，但是交易模式很明确。办公室的一半交易员都跟随他们的脚步，希望能够依托 DAX 指数与全球市场之间的夜间偏差而获利。

市场再一次在过夜的价格下跌之前反弹了，这次上升了 80 点。萨劳和布拉德·扬大赚了一笔。在两周的时间里，他们重复这种夜间交易，稳步增加头寸，然后回家睡觉，并祈求自己的好运会继续。他们一次又一次地做到了，到了 1 月份的第二周，萨劳从做空少量合约变成了每晚下注 200 手，1500 万美元的头寸产生了 6 位数的利润。布拉德·扬也获得了可观的回报，但他无法抗拒

闪 电 崩 盘
FLASH CRASH

白天继续交易 DAX 的冲动，让赚到的钱又损失了很多。萨劳依旧沿用自己"让交易呼吸"的经典风格，尽可能多地下注，不再去管它，然后去投机 E-mini 订单，他的信念从未动摇过。到 1 月中旬，他的账户余额已经多了 100 多万英镑。

2008 年 1 月 19 日，星期六，31 岁的法国交易员杰洛米·科维尔站在位于巴黎市郊的法国兴业银行总部的外面，然后给他的老板发短信："我不知道自己是该回来还是把自己丢进火车隧道里。"兴业银行的投资银行部门负责人以及其他各级高管都在会议室里等着他，在发现有证据表明他涉嫌巨额欺诈之后，他们花了 24 个小时疯狂地查询科维尔的交易记录。在接下来的几个小时中，科维尔确认了他们的担心。他坦言自己从 2005 年开始就一直未经授权，秘密进行价值数千亿美元的交易。与公司的大多数精英交易员不同，科维尔来自布列塔尼，爸爸是铁匠，妈妈是美发师，其职业生涯开始于银行中的行政职务，他在那里学会了如何利用虚拟交易和伪造技术。在大多数情况下，他都取得了成功。他说自己仅在 2007 年就通过正确预测即将到来的金融危机而获利约 20 亿美元。故事本应该到此为止，但科维尔最近已经开始了他迄今为止最具野心的尝试。

在 1 月 2 日 ~ 1 月 18 日之间，科维尔已经累积了 700 亿美元的多头头寸，是整个银行市值的 2 倍。当他的同事们每天晚上离开交易大厅时，科维尔留在那里，疯狂地买入与 DAX 和其他指数

第 一 幕

||||||||||||

挂钩的期货。他坚信危机最严重的时期已经过去，市场将会迎来反弹，但是他的连胜战绩已经结束。科维尔盘后交易时间买进的热潮仅让每晚的 DAX 期货支撑了几个小时，然后，就像可怕的华尔街版本的"土拨鼠之日"一样，他每天早晨醒来，发现地心引力开始起作用，市场又与世界其他地区一致，重新下跌。科维尔认罪时，法国兴业银行的管理层命令他的一位同事平仓。截至这名员工完成交易，银行已经损失了 72 亿美元。该事件的新闻震惊了全球市场，在两天内，DAX 指数被推低了 12%，蒸发掉了德国最大公司数以千亿美元的市值。

在了解到法国兴业银行的事件后，Futex 的交易员很快得出结论，科维尔才是对 DAX 进行奇怪操控的幕后黑手，欧洲最大的银行之一已经被一个野心巨大的个人交易员推向了生死边缘。后来，科维尔被判处有期徒刑 3 年，并且被责令偿还 72 亿美元，以弥补给银行造成的所有损失，这是有史以来对个人征收的最多罚款。他的疯狂交易让他跻身历史上最臭名昭著的交易员之列，与巴林银行的尼克·里森和瑞银集团的奎库·阿多博利齐名。这也为来自豪恩斯洛区 Futex 的年轻交易员萨劳提供了能让他的交易达到新高度所需要的第一桶金。

闪 电 崩 盘
FLASH CRASH

HFT 来袭

萨劳赚的钱越多，他的持仓数额就越大，就好像他正在打算把游戏打通关一样。在短短的几个月之内，他的下单量就从 50 手或 100 手提高到了 500 手，比公司里任何人的下单量都要多。在这种情况下，标普 500 指数的每个波动点都价值 6250 美元。成为更大的参与者有其优势，但最近的市场让萨劳感到不安。从 2007年开始，市场上的买卖数据变得越来越不稳定并且难以解读，订单出现了一下，然后像幻影一样消失，价格以不熟悉的方式波动，并且"幌骗"变得盛行。萨劳的对手似乎太擅长预测他的下一步行动，以致他确信对方可以看透订单簿，知道他正在与谁交易，这种被迫害的感觉恰巧与一种从事 HFT 的参与者一起出现了。

HFT 是利用最先进的技术快速买卖资产，从极短的价格变动中获利。一些专注于期货的学者使用该词语来指代那些相对较少的非常活跃的实体，它们交易大量合约而未持有大规模的仓位，并且每天以平仓结束。HFT 的核心是算法，根据设定好的规则指示计算机对不断变化的市场状况做出反应，几乎没有人工干预。这些规则可能很简单，例如"如果 x 的价格移动 y，则买入 z"，也可能像一屋子的核物理学家想出的东西那样复杂。就像投机者一样，HFT 从业者根据供求的短期变化以及相关市场的关系来做

第　一　幕

‖‖‖‖‖‖‖‖‖

决策，而不是基于对股票或商品价值的任何意义。尽管手速最快的交易员能在不到 1 秒的时间里对新信息做出反应，但 HFT 的速度却以微秒为单位。

　　第一批 HFT 公司，例如 Getco 和 Jump Trading 是在 2000 年前后由来自 CME 的前交易员们创立的，他们没有像保罗·罗西那样开设交易场并支持交易员，而是聘请了由编码员和数学博士组成的团队对计算机进行编程，让其可以自主进行交易。不久之后，他们这种自主程序交易就像臭虫一样开始肆虐市场。2003 年，在美国期货市场上，几乎没有 HFT 公司注册；到了 2008 年，它们参与了 20% 的交易；2012 年开始，这一比例已经高达 60%。长期以来，HFT 存在于主流意识之外，它的从业人员很少，主要是私人所有，监管不严（大多数是通过持牌经纪公司经营的），并且高度保密。相比起来，华尔街都显得落后。仅在金融危机期间，主要的 HFT 参与者开始报告其 9 位数的利润，人们才开始关注起来。商业新闻中的文章标题为《算法的崛起和机器人大战》。斯坦福大学和麻省理工学院的毕业生们绕开了曼哈顿和康涅狄格州这种交易对冲基金的家乡，收拾行囊前往芝加哥。2008 年，尽管金融业的许多部门都在为生存而战，但拥有几十名员工的 Jump 公司却赚了 3.16 亿美元。同年，美国最富有、最秘密的投资者之一的肯·格里芬，他拥有的专门从事 HFT 的部门获得了约 10 亿美元的收入。

闪 电 崩 盘
FLASH CRASH

尽管获得了一阵突如其来的关注，但除了与HFT紧密相关的业内人士，很少有人真正了解这些公司都干些什么或资金来自何处。经济理论的基本原理是投资的收益越高，风险就越大，但是这些机构的专业人士以某种方式找到了颠覆这一理论的方法，而且许多人都没有金融背景。通过将速率和统计分析与对支持电子市场的体系结构的独特理解相结合，他们获得了投资的必杀技，在承担低风险的同时也可以获得巨额、稳定的利润。想要获取有关HFT的数据很难，公司没有义务向监管机构披露其策略，甚至监管机构本身在很长一段时间内也不愿相信这些参与者会很合规地进行交易。实时交易数据的唯一存储库是交易所本身，私有企业一边在谋求吸引HFT公司的业务，一边又扮演负责监管HFT公司的名为"指定的自我监管组织"的角色。由于HFT基于大量交易，而交易所在每笔交易中均收取佣金，因此它们的利益紧密相关。的确，HFT的爆炸式增长让才刚刚上市的CME集团成为美国最赚钱的公司之一。这种共生的关系也许可以通过顶级公司与它们运营的交易所之间的旋转门来做出最好的说明。沃途金融的董事长约翰·桑德纳是CME历史上任期最长的董事会主席，CME的另一位长期董事会成员威廉·谢泼德，据称是Jump的大股东。HFT行业和CME集团不仅处于同一阵营，他们根本就是同一拨人。

Jump、Citadel等同类公司的高管通常瞄准的是数量更多的交易，还有买价和卖价之间缩小的差距，他们的这种做法可以让交易价格更低，让市场少一些不稳定，从而改善市场的环境。但是交易是零和博弈，如果 HFT 公司赢，那就一定有人输。纽约咨询公司 Pragma Trading 在一份研究记录中指出，机构里的投资者和养老基金是 HFT 主要的受害者。"鉴于 HFT 是定向型交易者之间非常短期的媒介，而且他们实际上是试图积累仓位或平仓，所以很难看到他们如何同时为投资者节省资金并从交易中获取数十亿美元的利润。"少数研究人员设法检验了 HFT 的方法，发现了包括"趋势引导"在内的诸多实践证据，趋势引导就是一种试图去突然煽动市场变动的"神风敢死队"的做法；洗盘交易，也被称为"与自己交易"，用来推动周遭市场或获得退款；塞单，即实体在短时间内向市场涌入大量订单，从而导致延误。监管机构不可能知道这种交易有多广泛，他们自己也承认，由于缺乏技术和专业知识，在权限范围内监测不到发生了什么。

对于市场构成的这种根本转变可能对市场稳定带来哪些影响，也存疑颇多。"如果重大事件引起市场混乱怎么办？这些 HFT 是否会因为其模型损坏而只是简单关闭计算机就放弃交易？"纽约经纪公司 Themis 的乔·萨鲁兹在 2009 年一篇博文中写道："当市场不配合他们时，他们声称提供的所有流动资产将流向何方？到那时，市场上会形成一个巨大缺口，因为各方交易的数额都要比预期退出的要少得多。"

对于像萨劳这样的交易员来说，有更多需要他们迫切关注的

闪 电 崩 盘
FLASH CRASH

事情，比如 HAL9000（出自电影《2001 太空漫游》及同名小说，是一台超级电脑的名称）、矩阵、天网系统等。自从计算机诞生以来，机器人所构成的威胁已根植于人类的心灵。对于萨劳和他的同伴而言，他们担心的不是这些机器人会彻底颠覆金融秩序，而是担心这些高度复杂的机器会比他们更好、更高效地进行投机交易，从而将他们挤出交易市场。当时一个交易论坛上的帖子略带讽刺的语气捕捉到了当时盛行的氛围："多年后的一天，交易台上一般只留三样东西，一个人、一条狗和一台电脑。电脑的工作就是交易，人的工作就是喂狗，而狗的任务是如果这个人敢走到电脑旁边就咬他。"

HFT 公司采用的确切策略是多种多样且不断变化的，但这些诸多策略的核心分为三个要素，分别是预测市场变动的方式、利用这一变动的反应速度以及当他们预测错误时减少损失的特殊方法。第一个要素涉及对订单簿中的变化进行统计分析，以获取表明价格上涨还是下跌的信息。输入内容可能包括在不同级别安置订单的数量和类型、价格变动的速度以及随时活跃的市场参与者的类型。"可以把它视为一个巨大的数据科学项目。"一位 HFT 公司的经营者解释道。多年来，萨劳一直利用其出色的识别力来解读订单簿的起伏，直到把它练成第二天性，但最有天赋的人类投机者也敌不过计算机解析大量数据的能力。

说到速度，顶级的 HFT 公司在电脑、通信设备和远程办公设

第 一 幕

IIIIIIIIIIII

备上投资了数亿美元，为了确保他们能够在"赢家通吃"的这场游戏中首先做出反应。交易所每月向客户收取数万美元的费用，方便客户们把服务器放置在交易所旁边，最低程度地减少接收数据的滞后。用芝加哥大学布斯商学院的埃里克·布迪什的话说，这是一场"永无止境的关于速度的社会浪费型军备竞赛"。只有顶级公司才能负担得起，这意味着进入门槛很高。交易所为他们最有价值的客户提供私下交易，以便削减其交易成本，这种交易只对其他一小部分参与者开放，单击操作的交易员是没有机会的。当人们看到、处理并对购买信号或降息消息做出反应时，市场已经完全吸收掉了信息，所有价值都已经蒸发了。交易员通过尝试套利策略，寻找两种密切相关的证券以暂时摆脱困境并押注它们会重回行列，但是面对可以识别异常状况并从异常状况中获利、比他们快上万倍的机器，他们的这些做法都是徒劳的。

HFT 能够成功的最终要素是对支撑电子市场的基础系统的理解。CME 的电子平台 Globex 是按照"先入先出"规则进行交易的市场，这意味着每当交易员下达一个限价单（远离当前价格的订单）时，它将加入队列的后面，在该级别的所有其他订单之后。如果当前市场上的最高出价为 99 美元，你想在它达到 100 美元时卖出，则你的订单将会排在最后一位，即排在当前希望以 100 美元卖出的其他交易员的订单之后。

HFT 公司监测这些队列，并且寻找从本质上无风险的获利机

闪 电 崩 盘
FLASH CRASH

会。举个例子来说，HFT 公司 AGGRO 在统计上判断市场价格可能会下跌，所以他们会下一个订单，在当前价格（最低报价）比如还是 100 美元时卖出 10 个 E-mini 订单，随着 AGGRO 的 10 手订单成功排到队列的前面，新订单以相同的价格加入；到 AGGRO 的 E-mini 被购买或"成交"时，又有另外 1000 手订单在 100 美元的卖价中等待买家。这时有两种可能性，如果像 AGGRO 预测的那样，市场价格下跌，它可以用更低的价格，例如 99 美元，去购买 10 个 E-mini 订单，然后从中获利；如果根据进入订单簿的最新信息，它开始出现价格实际将会上涨的迹象，AGGRO 可以迅速调转方向并从排在 100 美元队伍靠后位置的某人手中购买 10 手 E-mini，然后没有任何亏损地退出。当 HFT 预测错误时，只有当他们确认可以无损失或者很少损失的情况下，才会去完成订单，所以 HFT 公司很大程度上已经消除了亏损。到 2012 年，他们也帮助创造了一种形势——在 CME 里的绝大多数订单在完成之前就已经被取消。

经历了如此反复的过程，很容易理解像萨劳这样的交易员开始相信自己成为别人的靶子。每当他们下达或取消订单时，即使只是少量合约，市场都会发生变动。Futex 那个时代的一位资深交易员回忆说："我清楚地记得我第一次注意到 HFT 的时候，那是新一年的开始。我们登录系统，订单簿似乎看起来很微妙，却和以往不同，就像手机升级或者其他什么的。我当时坐在有十几张

第 一 幕

||||||||||||

桌子的第一排，我们互相看着对方询问到底发生了什么事。从那之后，交易变得越来越难了。"

在世界各地的交易所里，算法都像个妖怪，任何事情都能怪到它的头上，哪怕和它无关。如果交易员持有仓位，市场对他不利的时候，他不会觉得是交易方式不对，而是认为"该死的算法射中了我"。关于交易所与 HFT 巨头之间存在非法交易的传言比比皆是，而实际上，算法并不需要知道对手的身份，只需要运转快速的机器、廉价的佣金和概率就足够了。

HFT 的支配地位将许多投机者挤出了市场。有些交易员适应了时间周期较长的交易，头寸会把持数小时或数天，而不是几秒钟，其他交易员则积极寻找并尝试利用算法。在很短的时间里，这种算法在银行、资产管理者以及 HFT 机构中开始无处不在。2007 年，来自挪威，自称"算法猎手"的斯文·埃吉尔·拉森注意到实体对某些股票交易的反应方式存在缺陷，并开始着手利用这种优势，他赚了不多不少的 5 万美元，但后来与一名同事一起被指控操纵市场。该案的所谓受害者是一家名为 Timber Hill 的经纪公司，这家公司是匈牙利出生的电子交易先驱托马斯·彼得菲所拥有的众多公司之一。据福布斯估计，他的个人财富金额约为 171 亿美元。拉森最初被判处有罪并缓刑，但在上诉审判中被推翻。他对英国《金融时报》表示："我们感觉自己就像罗宾汉，或者说大卫击败了歌利亚。"

闪 电 崩 盘
FLASH CRASH

很多交易者对 HFT 都有一定程度的不满，但对于萨劳来说不是，他想到了更深层次的东西：如何与一群从未输过钱并且不露面的亿万富翁竞争？怎样才会公平？市场本应属于最终的精英阶层，不管你在屏幕后面是什么样或者父母来自哪里，如果你采取正确的行动，你就将获得回报，萨劳越来越相信事实并非如此。就像生活中的许多其他事物一样，赢家注定是那些拥有最多财富和最好人脉的玩家。实际上，萨劳不知道他的对手是谁，后来发现，他抱怨最多的那些人实际上就是像他一样拥有才华和有限技术的人类投机者。

凭借自己的数学才能、对图像识别的敏锐度以及他的横向思维方式，萨劳可以成为 HFT 公司一名非常有价值的员工，但恰恰相反，作为一个成功、富有的交易员，他不想那么做。沉默了几年之后，2007 年 6 月 4 日，"一个骗子"发表了一篇新的帖子——《标普 500 期货的堕落》，内容为：

所有曾经从事标普 500 E-mini 的交易员，你们现在一定已经意识到一些市场参与者相对于其他人有着不公平的优势。我主要指的是两种"幌骗者"。他们每天都在那里，似乎想要推动市场。我不是一个要抱怨"幌骗"的人，我的意思是，嘿！它在每个市场都发生，但是这两种"幌骗者"根本就不会交易订单，我已经尝试过很多次了，他们根本不能被击中。因此，按照 CME

自身的规定，他们已经违反了规则，应该从市场上淘汰。我已经
与 CME 谈及此事，但是他们拒绝受理，因为这种事情正在发生。
这是个很明显的例子，大人物们以牺牲小人物为代价，为所欲为。

该帖子继续建议交易员应考虑抵制 E-mini，迫使交易所在交
易结束之前采取行动：

我非常想直接问一下 CME，如何获得同等的软件，可以让人
在不被击中的情况下进行"幌骗交易"，我自己做了不少这样的
交易，但我认为这是不对的，市场应该为所有人提供一个公平的
竞争环境。

"骗子"的言辞没有他先前的帖子里那么无礼，但仍然没有
人回复他。4 天后，萨劳发布了一个更新帖：

哦，最后一个提醒。我正在让 TT（Trading Technologies，
简称 TT，一家交易软件供应商）开发一个程序，来获得完全相同
的作弊软件。如果你不能击败他们，你就可以一起加入吗？欧洲
人的可悲态度就是接受任何权威扔过来的东西，他们永远也不会
反击。我知道，随着交易量的增加，交易所将对这种行为视而不见。
可以想到交易会变得多么容易，因为有人已经在这种规则下大赚

了一笔。真是美好的一周啊！

萨劳在这个流行的公共论坛上为他8年后的计划埋下了种子，这个计划让他以操纵市场及助力历史上最大的一次金融崩盘的罪名而被捕。如果当时有人注意到这篇帖子，可能会劝阻他不要这么做，但就像喊"狼来了"的男孩一样，他已经用光了可信度。当他站在艾略特和甘恩的追随者的对立面时，可能就暗示了他注定要走这条路。

一个时代的终结

2008年的一个春日午后，Futex的交易员吃完午饭回来后，发现萨劳斜靠在椅子上，双手交叠在脑袋后面。他已经好几个小时都没有摸过电脑了，办公室里的人都在说"萨劳罢工了"的传言。

5年过去了，萨劳不再热爱Futex。他已经受够了每天往返沃金的辛苦，受够了当他到达交易所时分散注意力的各种事情，也受够了请求更大的交易权限。更重要的是，他不愿意再交出自己的钱。当他加入这里时，他签了一份合同，同意Futex拿他冒险，自己要放弃一部分收益，也就是每个月的办公桌使用费和每次双边交易的佣金。利润分配从 50% 对 50% 开始，现在要根据他在交易账户中的金额，按照比例增减。萨劳已经积累了 100 多万英镑的资金，他有权收回他所有收益的 90%，也是最高额度的回报。

对于没经验的交易员来说，Futex 开出的条件很有吸引力，他们可以不用自己的钱去尝试交易，直到他们赚钱为止。如果他们像大多数人一样失败了，他们也可以拍拍屁股走人，什么也没有欠下。相反，那些真正成功的人则会用资金补给其他所有人。萨劳现在每天的收入一般为 5 万美元，这意味着他要向公司上缴 5000 美元，而且凭借他狂热的交易风格，他可以很轻松地再向他们额外缴纳 2000 美元的佣金。"这是很多人的第一份工作，大学刚毕业，才 22 岁或者 23 岁。培训师将学员困在四面围墙之内，学员们在沃金很少可以与外面的人交流，但是随着这些学员有机会和其他交易所的人接触，他们就会意识到这个太亏本了。"Futex 的前培训师说。

萨劳 90% 对 10% 的分成比例和交易厅中其他人相比来说已经非常高了，但他希望拿到 95% 的分成。当保罗·罗西拒绝他时，他知道自己要打击一下公司的现金流，因此关闭了交易软件。这种分歧已经达到了一个顶点，也持续了一段时间。早在几年前，萨劳决定退出交易 FTSE 100 期货（相当于美国的标普 500 E-mini），他想在一些更大的市场上交易，那时他每天定额赚

闪 电 崩 盘
FLASH CRASH

2000英镑。刚开始的交易有些不稳定，罗西有一天把萨劳留下来，建议他回来继续交易FTSE 100，罗西说："对你来说，现在每年赚的钱已经足够了。""你怎么知道对我来说足够了？"萨劳反问道。所有人中，他偏偏激怒了罗西，这个设法剪掉他羽翼的人。

还有一次，萨劳进行了200手交易然后回家，第二天早上，罗西打电话叫醒了他，告诉他账户损失了100万美元，他也失去了拥有的一切。"萨劳当时吓坏了，我后来对他说：'冷静点，你赚了120个点。'"罗西把这件事转述给一位朋友时这样说。

萨劳的隔夜交易为他赢得了数十万美元，这是一个很好的结果，但他无法原谅罗西吓唬他就是为了让他实行更好的风险管理。罗西当时说："这是给你的一个教训。在市场上一定要设置止损，这几天还会发生这样的事，你将会重复这种担惊受怕的煎熬。"

萨劳后来去公司的时候，大步闯进罗西的办公室大叫："经过这次小小的恶作剧，你还有脸拿走我的钱吗？让我遭受这种经历，然后还要向我收20万美元？"萨劳这时的利润分配比例为80%对20%。事后，萨劳向朋友抱怨："真卑鄙，这家伙简直就是厚颜无耻！"

萨劳的行为并没有起什么作用，罗西仍旧赤裸裸地炫富。Futex的网站上有一个名为"Futex生活方式"的页面，其实可以更准确地描述为"保罗·罗西的生活方式"，那里有罗西在温网决赛和欧冠联赛现场的照片。有一次，当他的法拉利从修理厂送

第 一 幕

||||||||||||

回来时,代替的兰博基尼还没有开走,他给两辆车并排拍了张照片,取名为"艰难的选择"。他的一辆汽车的车牌为 R9ssi, 他还是一家著名高尔夫俱乐部的会员,那是英国最高档的高尔夫俱乐部之一,在那里,他与休·格兰特、凯瑟琳·泽塔琼斯和职业高尔夫球手厄尼·埃尔斯共享球道。

"所有这些物质性的东西都是毫无意义的,并且会吸引行为不端的人。相信我,那些都是海市蜃楼。"在和同事说起保罗·罗西的生活时,萨劳不屑地说道。

保罗·罗西不是唯一一位展示成功的人。2007 年 8 月,一本名为《交易员月刊》的杂志上发布了"30 名 30 岁以下最成功的年轻交易员"名单,以下为报道内容:

据说在伦敦郊外,一座名为沃金的富庶小城里,住着一位纯粹的自营交易员,他每周工作两天,每天工作两小时,现在的收入仍然是其他人的两倍。事实证明,这个传说是真实的,这个有天赋的交易员就位列"30 名 30 岁以下最成功的年轻交易员"名单之中,有着非常应景的名字——扬(Young)。一位同事说:"他穿着牛仔裤,幸运的运动衫,没穿鞋。他甚至假意交易,趴在桌子上睡觉。"

布拉德·扬是澳大利亚人,他度假的时间比他交易的时候还要多,即使在向 Futex 的老板们缴纳抽成后,他每周也能赚到 25 万美元。

闪 电 崩 盘
FLASH CRASH

布拉德·扬说："从我交易期货的第一天起，我就一直坚信自己将成为有史以来最伟大的交易员之一。随着时间一天天地过去，我的事业不断发展，这种信念也变得更加坚定。"

《交易员月刊》于 2004 年推出发行，并迅速在世界各地的交易大厅里流行起来，月刊将介绍经典汽车的文章以及报销娱乐场所消费的最佳方法放到一起，其内容就像它的男性读者们一样，粗俗而野蛮。但是"30 名 30 岁以下最成功的年轻交易员"这个专题做得很成功，并被主流媒体频繁采用，CNBC（美国消费者新闻与商业频道）像采访明星一样采访了入围者。对于布拉德·扬来说，从中得到的便是声望和荣耀，纵然关于他的事情报道几乎都是真实的。

几个月后，萨劳给杂志编辑发送了一封电子邮件：

晚上好：

我最近经人推荐拜读贵司杂志，必须向您表示祝贺，因为它是我所见过的关于交易艺术的较好出版物之一。我阅读了您的"30 名 30 岁以下最成功的年轻交易员"名单，我对这个名单很感兴趣，并想知道要成为其中的一员需要什么标准。我是一个拿 90% 提成的自由经纪人。我交易标普 500 E-mini，在市场波动的交易日中，我平均进行 10000 轮交易，约占标普 500 每日总交易量的 1%。

第 一 幕

||||||||||||

如果我在一个波动的交易日里交易不错的话，通常可以赚到大约133000 美元。在比较顺利的日子里，我可以赚到 45000 ～ 70000美元。

这是我交易生涯中不平凡的一年。您必须明白，对我来说，进入前 30 名并不是满足虚荣的事情。我更愿意保持低调，并将我的损益表隐藏起来，不展示在同事面前。但是，我希望以后能建立自己的交易所，而宣传可能对交易所来说是一件好事。也许我们将来可以一起合作。

纳温德·萨劳

萨劳从未在《交易员月刊》上亮相，也没有开设自己的交易所，而且他在 Futex 没那么受欢迎了。萨劳曾经是公司的主要支柱和大招牌，现在越来越像一个惹事精，他来办公室的次数越来越少，但出现时总会引起麻烦。他一度抱怨说他的银行从他的交易账户中偷钱，保罗·罗西告诉他是他自己弄错的时候，萨劳反过来质问保罗是否也参与其中；萨劳交易的极高风险让管理人员睡不了安稳觉，如果他将超过 90% 的利润都带回家，他们的经济利益就不能再叠加；萨劳今年早些时候支付了 45000 美元来"租用"CME的一个席位（本质上是一种具有特权的会员资格），这样就削减了他每笔交易支付交易所的费用，反过来吞噬了 Futex 的佣金。Futex 还暗示萨劳收到英国税务海关总署的警告，称他并未缴税。

　　2008 年夏天，事态发展到了顶点，萨劳打算离开 Futex 并要回他的资金，总金额约为 300 万美金。起初，保罗·罗西拒绝了萨劳，他告诉萨劳将分期归还这笔钱，直到他相信税务部门会感到满意为止。当萨劳指示律师开始走法律程序时，保罗·罗西妥协了，但两人之间的关系也彻底破裂了。

　　"我们互为导师益友的时候关系最好，关系最坏的时候正对应了他那时的心态。如果你阻止他，他会觉得你在反对他；如果你没有给他想要的交易额度，你也是在反对他；如果你收取清算费，那么你还是在反对他。他一直抱有这种心态，觉得每个人都在剥削他。但是我们培养了他，在 Futex，他认识每个人，我们就像他最坏天性暴露时的刹车一样。他离开后，就没有人可以管他了。"保罗·罗西说。

财富雪球

　　萨劳离开 Futex 之后的首要任务是找到一个新的经纪公司。每个独立交易员都必须通过受管控的经纪公司进行交易，这种经纪公司充当交易员进入交易所的一种通道，弥补任何损失并监控其客户的活动。萨劳在 2008 年 4 月给 GNI Touch（后来更名为 MF Global）打电话，它是全球最大的期货经纪公司万世集团的分支机构。萨劳当时仍然深陷与 Futex 的纠纷中，只剩下大约 75 万美元可以作为保证金。经纪人每次向客户的双边交易收取的费用从几美分到几美元不等，具体金额取决于其交易量。GNI 前期货部门资深成员说：“每当我们聘用一个新人时，他们 99% 都会夸大自己的交易头寸和所赚取的利润，夸大得还不是一点。他们会说自己每个月做 10 万手交易，但实际上更多时候是 5000 手。”

当萨劳说他确实每天要进行 1 万次双边交易并定期赚 11 万美元时，GNI 的高管笑了起来，最后给他提供的比率等级相当于萨劳声称交易量的 1/5 的档位。几天后，当工程师开车到豪恩斯洛区，给萨劳在卧室里的电脑安装与交易所连接的软件，他们这时才发现萨劳说的都是真的。GNI 非常惊讶，并且大幅削减了萨劳的费用。在交易员开始交易并操作之后，经纪人没有什么实际的事情，工作的很大一部分是维护人际关系。对于像万世这样的公司来说，将从客户那里征收的所有费用的 20% 用以支付客户们的大餐、夜生活或公开活动门票，这种操作并不少见。万世在温布利大球场有一个包厢，在 O2 音乐厅也有包厢，但是萨劳对这些并不感兴趣。前 GNI 经纪人说：“他从不参加任何娱乐活动，并保持最低限度的联系。他的抱负很明确，他想成为市场上最大的交易员，对物质收益完全不感兴趣，这些利润只是让他的交易

闪　电　崩　盘
FLASH CRASH

拥有更多筹码而已。"

在金融危机触顶之际，萨劳开始在家进行交易。虽然市场内动荡不安，算法交易也普及开来，但是仍然有赚钱的机会。市场随着每个新公布的坏消息或政府试图恢复平静的举措而变动，许多变动是可预见的和过分渲染的。在这样狂热的市场中，很容易错过事情，萨劳认为如果他周围有别人的话，会获益颇多，因此他在一家名为 CFT 金融的公司以每月 2300 美元的价格租用了一张办公桌，配套齐全。与 Futex 不同，他不必放弃他的任何利润。CFT 距离旧金融区的伦敦塔很近，只需走一小段路程。它是由一位生活奢侈的交易员创立的，该交易员众所周知，名叫"勇敢的心"，为《交易员月刊》的首期封面增色不少。封面上，他靠在一辆老爷车的引擎盖上，怀里搂着一位模特。该公司有 30 多位交易员，比 Futex 的交易员年龄大，但经验也更丰富，没有人大声咒骂或者在停车场里踢足球。但是，当萨劳到达时，公司气氛明显热烈了起来。买卖差价突然增大，反映了风险水平升高，并且有机会在一天之内赚到一周的工资。为了积累资本，萨劳从早到晚工作，首先在欧洲市场交易，然后转向 E-mini。几个星期后，他完成了第二个对事业成功起关键作用的交易，就像上次交易一样，与投机无关，而与绝对的信念和直觉有关。

2008 年 11 月 20 日，星期四，标普 500 指数收于 752 点，为 10 多年来的最低水平，距离雷曼兄弟公司倒闭已经过去了两个月，金融体系仍然摇摆不定。有报告指出，美国政府和美联储可能不得不采取更为严厉的措施。周五早上到达办公室，萨劳开始加满标普 500 期货，因为他预测现在市场只有一条路可走。果然，经过几个小时的震荡，美国股票价格开始攀升。接下来的一周，当财政部宣布将向花旗集团注资 400 亿美元时，它们价格的回升更加艰难。萨劳认为市场还有进一步的发展，因此增加了自己的多头头寸，直到账户中的每一美元都排在订单簿的队列中。

　　萨劳的经纪人在 GNI 的办公室远程监控时，神经变得越来越紧张。不仅是因为萨劳接近他们为其设定的交易限制，即萨劳之前交付的保证金上限，而且他根本没有设置止损来限制其潜在的下降趋势，如果市场快速下跌，该公司可能会遭受严重打击。最后，办公桌旁的高级经纪人得出结论，他别无选择，只能打电话给萨劳并要求他给账户充值。萨劳的母亲达尔吉特接了电话，经纪人要她叫醒萨劳。萨劳很烦躁地接起电话。经纪人还没解释完他为什么要打电话时，萨劳便低声咆哮道："老兄，你在说什么呢？去看看市场！"经纪人没有注意到标普 500 指数大获全胜。在经纪人还没来得及道歉之前，萨劳说他要回去睡觉了。

　　当天晚些时候，美联储宣布将拨款 8000 亿美元以缓解整个系统的信贷流动。这是市场一直在等待的火箭炮，到纽约市场收盘时，标普 500 指数升至 857 点，3 天内上涨了 100 点。这是只有每隔几年才会出现的惊人程度的增长。在那时，萨劳可以兑现巨额利润，

闪 电 崩 盘
FLASH CRASH

但他再次翻倍下单，让自己的赢利重新排到队列中。他没有在那里监控订单，而是走出办公室，去了附近的麦当劳。萨劳在那里连续喝了四杯奶昔，这是他"让交易呼吸"理念的终极体现。两天后他退出仓位时，该指数又上涨了39点。在一周的时间里，标普500指数增长了19%以上，萨劳成功上岸，赚了大约1500万美元。

一位交易员反映："人们认为交易是赌博，但其实它几乎与赌博正好相反。一揽子交易决定加入，就像在扑克中放了两个王牌一样，但是你必须拥有过人的胆量。我要全部押进去吗？市场只有一条路要走。但是你必须愿意将一切都赌在上面。"

几天后，这位高级经纪人致电萨劳，祝贺他获胜，并询问他打算如何使用这笔钱。当萨劳回答"再去交易"时，经纪人警告他把利润视为抽象数字的危险，这是他在场内学到的对他不利的观念。经纪人建议萨劳给自己买点好东西，但是萨劳说他不需要任何东西，并把对话带回了他最喜欢的话题——HFT的威胁。自从加入CFT以来，萨劳变得比以往任何时候都更加确信HFT公司可以察觉到订单背后的人是谁，他向经纪人抱怨过这件令人倒胃口的事。他还开始相信机器人能够看到止损位在哪里——潜在的有价值的信息将使它们引发买卖的骚乱。即使现在，在这种改变人生的胜利之后，萨劳仍然执着于自己到底是怎么被骗的。经纪人感觉自己在浪费时间，祝萨劳一切都好之后挂断了电话。

在这段时间里，萨劳确实犒劳了自己一次——买了一辆大众汽车。CFT 的交易员们笑了起来，因为萨劳热情地谈论着这辆车比其他车的优越之处在于其本质上只是一台可以掀背式的普通汽车。此前一周，萨劳的收入超过了高盛首席执行官的年薪，但当他拿起几张停车罚单时，他对这辆车的兴趣顿时锐减。几个月之后，这辆车在马路对面他哥哥的车道上已经生锈，之后几年也没人动过，最终被拖走报废。在计算了折旧和运营成本之后，萨劳告诉任何一位愿意听他说话的人，拥有一辆汽车可不是一项好交易。

"幌骗"简史

萨劳在金融危机中的赌注让他比以往任何时候的火力都猛，但对交易员而言，投机市场实际上已经变得越来越难了。"一个骗子"透露他打算创建一个程序来对抗自动化越来越普及的金融世界，他准备将其付诸实践，他的宏伟愿景是诱使其他参与者按照他的方式进行交易。这是几个世纪以来的交易员一直以各种方式在做的事情，只不过萨劳要做的是比较复杂的版本而已。

当丹尼尔·笛福没有写《鲁滨孙漂流记》和《摩尔·弗兰德斯》之类的小说，也没有为君主体制做间谍时，他在 18 世纪的伦敦做

闪 电 崩 盘
FLASH CRASH

商人，买卖葡萄酒、针织品和香水。笛福是一位多产的社会评论员，1719 年他将视线转至伦敦交易巷，那是位于英格兰银行附近的一条狭窄的灰色岩石铺成的街道，在吵闹的咖啡馆中记录了一些最早进行的股票和商品交易。"这是一种以欺诈为基础的贸易，源于谎言，并以诡计、作弊、欺骗、伪造、虚假和各种妄想来滋养。"笛福在他的文章《伦敦交易巷剖析》中写道。其中一段文章，讲述了成为最成功的股票经纪人的方法，国会期货议员兼东印度公司的总督约西亚·蔡尔德爵士提供了关于"幌骗"技术的早期描述。

如果约西亚爵士决定买进，他要做的第一件事就是委托经纪人看向煽动者，摇摇头，暗示印度传来了坏消息，并且从下面就开始有传言——"我得到了约西亚爵士的委托，把手里能卖的都卖掉。"也许他们实际上会卖出 10 英镑，也许是 20000 英镑。立刻，交易所里到处都是卖家。没有人会买一先令，直到股价下跌 6%、7%、8%、10%，有时甚至更多。然后，狡猾的股票经纪人特意雇用了另一批人来买入，但是出于保密和谨慎的考虑，他们动用手头所有股票，直到卖出 10000 英镑，损失了 4%、5%，他才会买入低于价格 10% 或 12% 的 10 万英镑的股票。然后用相同的方法在几周内将他们全部买入，以 10% 或 12% 的利润再次出售他们自己的股票。

第 一 幕

||||||||||||

让我们快进到 275 年之后的 20 世纪 90 年代，在距伦敦交易巷不到 100 米的 LIFFE 交易大厅里，可以在更短的时间内看到类似的滑稽行为。"我会接到一份卖出 2000 手的订单，"一位前经纪人讲道，"比如客户是高盛投资公司，他会告诉我尽可能多在市场上制造杂音，1000 手 99 英镑！1000 手 98 英镑！1000 手 97 英镑！我卖了几手，价格下跌了，然后猜猜谁在交易场的其他地方和一位不同的经纪人等待 95 的出价？高盛，然后开始购买一切，推高价格。当其他交易员回来找我说要接受合约时，我会告诉他们什么都没了。"

"Spoof"是一种棋牌游戏的名字，是由英国喜剧演员及音乐厅演奏家亚瑟·罗伯茨在 19 世纪 80 年代发明的。游戏围绕着骗术展开，动词"to spoof"的意思是捉弄或欺骗。学生们将该词做了演变，比如猜测他们的拳头中藏了几枚硬币，以确定谁下次请客。在科技领域，它是指企图模仿某人的身份以获取数据或金钱。最早提到与金融市场有关的诈骗案例之一是 1999 年在《纽约时报》上发表的一篇名为《纳斯达克夺命追魂》的文章里，有记录表明，在股票市场里，取消的订单数量在增加。

在交易场内，由于交易员可以看到他们在与谁竞争，在某种程度上限制了"幌骗"情况的发生。连环作案者有可能被带到外面，并被迫为其错误的行为买单。但是，当基于屏幕的匿名交易出现时，这种保护措施就消失了。另一促进剂是订单簿的引入。市场

闪 电 崩 盘
FLASH CRASH

参与者第一次可以看到的不仅是当前的最高出价和最低报价，还包括订单在订单簿中前后等待的位置。这样对供求有了更有价值的洞悉，但也为欺骗提供了新的机会。保罗·罗特，又名"鱼鳍"，是一位著名的投机者。罗特是一位清瘦、谦逊的德国人，个性却极其反叛。他的职业生涯始于1994年，当时在慕尼黑的一家银行做着单调乏味的后勤工作，他在那里每天负责将客户交易录入德国期货交易所的系统里，这是最早的电子交易屏幕化身之一。这项工作很枯燥，但是罗特发现他有发现价格波动规律的天赋，并在一年之内搬到法兰克福，担任初级交易员。恰逢电子交易的快速发展，等到交易场关闭时，他已经成为一名具有杀伤力的线上投机者。从那些拼命尝试将交易场内所学到的东西应用到电脑上的公开喊价交易员身上赚钱，简直不要太容易。罗特回忆说："这里就是天堂。这些自由经纪人都习惯于查看摩根大通和高盛的订单并抢先交易，但他们再也不能这样做了，因为现在它是匿名的，他们也不知道自己在做什么。那里没有算法交易，而且监管部门也没有引入规则，规定他们该做什么，不该做什么。"

罗特24岁时移居爱尔兰，与一些工作伙伴成立了自己的基金。他会利用自由经纪人的畜群行为进行投机，根据报表，在订单簿上加满购买订单，并等待其他人与他站在一队，然后，一旦市场上涨了几点，他就取消出价订单并迅速卖给那些跟随他、妄图卖出高价且毫无戒心的交易员，收盘获利。他的交易比任何人都大，

第 一 幕
|||||||||||

所以他发现市场其实是可以控制的，而且也会出现一个问题——在大量的买卖中，罗特发现他有时在最后是和自己做交易。这是一种被禁止的做法，即所谓的冲销交易。当他开始收到交易所的警告函时，他联系了他的软件提供商 TT 并说明他需要一种方法来停止冲击自己的订单。TT 提出了一个名为"避免订单相交"的新功能，这个功能可以解决罗特的问题，也无意间帮助他将业绩提升到一个新的高度。罗特以前不得不在调转交易方向之前取消订单，现在他只需单击鼠标就可以同时在两边进行操作。那些试图依托他订单的交易员们在他调转方向针对他们时，已经没有机会逃离了，突如其来地从买家变成卖家，或者反过来操作。有一段时间，罗特一天交易 20 万份合约，在状态良好的一个月中，他轻松赚到了 700 万美元。一路走来，他在那些完全不知道他身份的前自由经纪人的圈里树敌无数，经纪人们给他取了"鱼鳍"的绰号，并向交易所施压，希望封杀他。罗特的封面照在 2004 年的一个论坛上曝光，他不得不在伦敦的一次行业活动中与大众见面。

"当时有点吓人。这些家伙就像在说'你应该时刻小心自己身后'。我收到的消息就是'我们会跟在你后面'。"当 HFT 到来并且新法规出台时，罗特退出了。如今，他在巴哈马的家中持有长期头寸进行交易，但他仍顽固不化。"我在市场中遇到了很多人，包括 20 世纪 80 年代的股票经纪人，他们掌握了所有内部信息，我从来没有做过那样的事，我正在交易订单簿上看看其他

闪 电 崩 盘
FLASH CRASH

人在做什么和他们有什么反应。他们认为有权等待订单并抢先交易订单，而我则利用了这一优势。当然，我的钱也总是处于风险之中，这是一个公平的市场。"

俄罗斯交易员伊戈尔·奥斯塔彻继承了罗特的衣钵，成为期货行业里一位很厉害的人物。他在从事交易工作的几年后就成为世界上最成功的 E-mini 交易员之一。奥斯塔彻在莫斯科的一个富裕却节俭的家庭中长大，他的父亲是工程师，在他 6 岁的时候就教他下国际象棋，奥斯塔彻在 10 岁的时候就可以打败他的父亲，不久之后，他就拿下了莫斯科市同龄组别的象棋冠军。他提前上完了高中，这是一所专注于物理学和天文学的天才儿童机构，在那之前他参加了伊利诺州西北大学的数学课程，搬到底特律与亲戚同住。在他上大学的第三年，他在芝加哥的一家叫 Gelber 集团的交易所里获得了实习机会，他在那里做得非常成功，因此放弃了学位去做全职交易。

奥斯塔彻摆脱了俄式生活的束缚，摆脱了父亲的影响，全身心地努力赚钱。到现在为止，他已经放弃了国际象棋，转而下交易这盘快棋。它是游戏的一种变体，要求玩家在几秒钟内做出决定，并借助他的快速反应、图形识别技能和即时回忆能力，他立刻开始使用订单簿。2004 年，当一场关于带有标签 990 的神秘实体的投诉开始出现在论坛时，他成了讨厌的焦点。当时，每家公司都有一个数字 ID，在盘后交易确认时显示。Gelber 当时的数字

ID 就是 990，人们很快就推断肇事者就是这位公司新来的最好斗的俄罗斯神童。

与罗特一样，奥斯塔彻也使用了 TT 公司的"避免订单相交"功能来快速切换方向。他进行大量交易买卖，一路所向披靡。一位对他不满的 E-mini 交易员在一个论坛上写道："我知道很难相信一个人可以控制世界市场，但请相信我，它正在发生。他开始做 300 手了。现在他赚这么多钱，已经开始交易 2000 多手了。"奥斯塔彻忽略那些他认为不实和没有依据的抱怨，并将他的方法传给了新的交易员群体，其中包括一位谦虚的中国数学家詹姆斯·崔，奥斯塔彻在西北大学曾经抄过他的作业。2007 年，詹姆斯·崔被芝加哥 HFT 巨头 Jump Trading 猎头找到，后来成为比奥斯塔彻更大的玩家，并将他的知识传授给更年轻的新交易员。

萨劳、奥斯塔彻和詹姆斯·崔都是投机者中的精英骨干，而这三人与越来越能占据市场的编程机器经常发生碰撞。多年后，调查人员将会谈论起 2000 年之后的"幌骗战争"，这是一种超高风险的边缘游戏，玩家可以通过除去对方的骗单，让他们不得不"呕吐"来达到消灭对方的目的。"呕吐"是指迫使对方平仓，因为他们不想受到毁灭性的损失。萨劳在论坛上曾经读过有关奥斯塔彻的文章，在整个职业生涯中，他都会对 CME 和他的同行们悻悻地抱怨这个俄国人。他坚信自己在做空市场时，奥斯塔彻在试图欺骗市场，让其价格走高。实际上，尽管两个人确实交过手，

闪 电 崩 盘
FLASH CRASH

但萨劳不会经常"暴打"碰到的交易员，只不过他们的交易方式碰巧与奥斯塔彻的操作方式很像而已。

在如此激烈的竞争中，萨劳寻求其他途径来赚钱。一种策略是专注于"预开放"。在一周中，E-mini 每天 24 小时的交易时间要扣除欧洲中部时间下午 3 点 15 分至 3 点 30 分市场关闭这段时间。在这 15 分钟内，交易员可以根据最大数量的买卖双方匹配水平，下达 CME 用于计算指示性开盘价（Indicative Opening Price，简称 IOP）的非约束性订单。当交易员下单、修改和取消订单时，他们可以看到 IOP 上升和下降，直到有 30 秒的时间，IOP 锁定并设定开盘价。价格在开盘价附近剧烈波动，任何交易员如果能够正确定位以满足 CME 释放的数量就可以快速获利。有传言说，一些交易员已经找到了一种方法，可以通过反复地在高于或低于现行价格的位置下达大额订单，诱使其他参与者效仿，然后在截止时间之前取消订单来影响结果。对于萨劳来说，那无疑是一个有利可图的周期。一位前同事回忆说："我看见他开盘时进来，之后赚了 10 万美元，然后又回家了。"但是在 2009 年 3 月，CME 联系到了萨劳，提醒他所有订单必须合法。

从伦敦一家小型交易所租用办公桌的人并不总是很清楚合法的含义。1936 年，美国出台的《商品交易法》将"在州际贸易和期货交割中操纵或者试图操纵任何商品价格的行为"定为重罪，但在 2011 年新法规没有颁布前，期货市场的监管是零散且徒劳的。

第 一 幕

||||||||||||

尚未制定有关欺诈的具体规则，而且要在法庭上证明"操纵"非常困难，以致该行业的主要监管机构 CFTC 很少提起诉讼。市场的日常监督留给像 CME 这样的交易所进行，而 CME 更愿意将市场参与者视为有价值的客户，而不是受监管的实体。任何涉嫌操纵价格的人都会在最后给予罚款，在这之前会给一系列警告，而罚金往往无法超过其所谓的收益。

随着期货市场的发展，监管已经远远跟不上步伐。交易速度是如此之快，其产生的数据如此庞大，以致当局根本无法监管正在发生的事情。每次萨劳加满订单簿的时候，他都会看到各种"幌骗"方式——冲洗交易、动量点火和其他形式的欺诈，似乎不用承担任何后果。当他向 CME 投诉时（他经常这样做），CME 无视他或告诉他看错了。如果他进行报复并亲自采取相同的策略，似乎没人注意。这给他留下的印象是，在算法时代，一切方法都可行。正如他在 2007 年回到论坛上评论的那样："我知道以我现在的交易量，交易所将视而不见。"

如果萨劳曾在一家银行或对冲基金工作，那么当他走入高风险地区时，会有相关人员介入，但作为独立交易员，他全靠自觉。GNI 的经纪人本应勤勉地监督他的活动，但是他们倾向于不参与其中。当 CME 真正发出警告时，就像有关萨劳在盘前交易中的警告一样，他们只是简单地传阅了一下。

萨劳相信他正在与实力强大且有出众优势的对手进行生存斗

争。他认为如果有机会，自己应该会创建自己的程序。与 HFT 公司不同，他没有资源从头开始做出一款功能强大且交易快速的产品。相反，他的方法是拿走他已经拥有的现成软件包，然后像计算机程序设计者一样尽量升级改造。尽管技术上有巨大的差距，但是萨劳仍然相信他可以成功，因为算法具有他知道可以利用的固有缺陷——他们是追随者，以预定的、可预测的方式对交易数据中包含的信号做出盲目反应。萨劳知道他无法像机器那样高效地分析订单，而且他在速度比赛中始终会排名第二，但是，如果他可以让信号互相干扰，那么他就可以让机器人对他的命令做出响应并收回一些控制权。

哦，羊儿们，快来到你们牧羊人的怀抱吧！

制造"武器"

自从萨劳在 Futex 开始交易以来，他就使用位于芝加哥的软件供应商 TT 提供的一个交易软件。TT 成立于 1994 年，由一位名叫哈里斯·布伦菲尔德的期货传奇人物经营，他离开交易场后就开始使用该软件，并且对此软件爱不释手，以致他后来收购了该公司。交易员都在使用这款软件，它成为用户观察市场、下达各种类型订单以及以最小的延迟连接交易所的工具。TT 还提供了一种名为自动交易器的产品，该产品允许没有编程背景的客户在Excel 中创建自己的算法，从而提供了一种低成本的方式来将自动化引入交易当中。2009 年 6 月 12 日，萨劳向 GNI Touch 的经纪人发送了一封电子邮件，内容是要求与 TT 的一名技术人员取得联系，让技术人员能够为他的 TT 软件加入额外功能，当然，他会为技术人员支付报酬。几天后，他接着以"矩阵"为主题向一位伦敦的 TT 销售代表发了一封邮件，内容如下：

你好：

我需要添加以下功能：

1. 我们讨论过的关闭即取消功能。我还希望能够更改关闭程度，即一个价格或三个价格之差，等等。

2. 加入出价 / 报价功能，其功能类似于阻止市场功能，你可以击中订单，但是不会完成订单。如果有出价 / 报价，就让订单加入出价 / 报价中。

3. 能够一键输入不同价格的多个订单。

4. 让我的订单具有可以设定特定大小的能力，即如果下面没有×数量的订单，我的订单将被提取出来。当然要进行这项工作，我们必须留在订单簿的后面。

闪 电 崩 盘
FLASH CRASH

5. 可通过每次检测在我放置的地方有新订单时, 将我的订单增加 / 减少 1 手来完成。

6. 为了能够输入整数, 我的订单一直有效, 直到夹起输入的订单等于或大于整数值。

7. 我的订单只能允许夹起其中 1 个的能力。因此, 如果我操作 500 手, 交易 2 手, 则其余 498 手会立即删除。

以上所有内容都不难做到, 因为在我交易的每个市场中都有人在使用这些模型, 这很普遍。

纳温德·萨劳

萨劳的蓝图可能看起来很复杂, 但是他的目标却像"鱼鳍"或洛德·耶利米亚在交易所小巷时一样明确——改变供需状况来误导其他市场参与者, 从而允许他以低价买进和高价卖出。他设想的交易软件将包含许多功能, 这些功能可以在萨劳实时交易时用鼠标切换打开和关闭键, 从而提高他的操作速度。其中最主要的是他所谓的"关闭则取消"功能, 美国当局后来将其描述为"分层算法"。激活后, 它使萨劳可以在最低报价之上指定数量的波动内下达大量卖单。随着市场的高低波动,萨劳的订单将同步移动, 始终与当前价格保持指定的距离, 以最大限度减小被击中的机会。在 HFT 的复杂世界中, 这是一种出人意料的基本机制, 基于以下原理, 当算法发现卖方相对于买方的数量增加时, 他们也将开始

第 一 幕

||||||||||||

出售，市场价格将下跌。随着分层算法将价格打压得像工业电扇一样低迷，萨劳将通过同时手动出售一些 E-mini 订单，等待市场下跌几个点，退出自己的仓位，然后回购相同数量的订单并取消，骗单获利。几分钟后，当价格稳定下来时，他又重新开始这一过程。

以"幌骗"作为策略的问题在于这有点像在压路机前面捡镍。为了充分改变订单簿以产生影响，交易必须下达大额订单，但如果大型对冲基金或银行恰巧在错误的时机出现，清扫 10 亿美元的 E-mini 订单并提高了你设置的所有报价，当市场跳升 10 个等级时，你只能惊恐地看着，因为它已经消耗了你数百万美元。按照分层算法的设计，与当前价格间隔几个点，再下一些订单会很安全，但萨劳知道如果他真的想刺激这种算法，最有用的办法就是能够在最低报价或接近最低报价的地方下几单，可这样做又很危险。他提出的解决方案为"订单簿后置"，它的设定旨在利用 CME 的"先进先出"排队系统。

想象 E-mini 市场是一个超市，订单簿上的每个价格等级代表一个不同的登记处。每次以某个价格下达新订单时，无论其大小如何，它都会加入该价格队列的后面，并随着价格波动和前面的订单匹配而稳步向前移动。但是，如果参与者添加了订单，就如同客户暂时离开，添加货品到购物车中，CME 会判断他们已经离开了队伍并把他们放到后面。萨劳的灵感是每当有新订单排到他的订单后面时，就将他的算法增加 1 手，从而不断将他送至队列

闪 电 崩 盘
FLASH CRASH

的后方，远离伤害。为了使订单大小保持在预期的数量范围内，算法将在下次 1 手订单到来时减去一个单独的合约，永远地在加1 和减 1 之间交替。作为进一步的保护措施，萨劳建议合并一个称为"一键减掉"的功能，该功能限定，如果无意击中他订单的任何一部分，则其余份额将立即全部取消，从而限制任何潜在的损害。

　　萨劳的电子邮件已转发给纽约的一位名叫安东尼奥斯·哈吉格奥加利斯的工程师，他的工作是帮助客户最大限度地利用自动交易系统。哈吉曾经是一位失意的希腊裔交易员，他在 2007 年陷入瓶颈期时就已经在 TT 工作了。在业余时间，他热衷于自我提升，练习瑜伽和武术，遵循超低碳水化合物饮食法，并开设了博客，在博客中回顾了自己每年速读的数百本书。哈吉加入的团队缺少资金，也缺少人员。当他加入时，只有四名工程师，但不久之后，他在伦敦的同事辞职了，哈吉被迫接手了他的工作。那一年，他的飞行里程超过了 10 万英里。

　　在 2009 年的一个夏日，哈吉来到伦敦，与销售代表安排的现有和潜在客户会面。在 CFT 的办公室中，萨劳讲述了他想要的功能。自动交易系统上可以直接设置"关闭即取消"的功能，哈吉在几分钟之内就已经启动并运行。"订单簿后置"的功能比较困难，HFT 公司花费了数百万美元来提高软件系统速度，以便交易者排在队列前面，但是萨劳想要相反的功能。哈吉答应回去调试一下，

第 一 幕
ⅠⅠⅠⅠⅠⅠⅠⅠⅠⅠⅠⅠ

两个人之后结束了会面。几个月后的 11 月，萨劳又发了封电子邮件。"我可以使用你设置的系统打开或关闭自动交易，当它运行时，可以让特定的价值和数量的报价远离最低报价，确实很实用。我记得你输入了启动此功能的代码，我想知道你是否可以告诉我这个代码是什么，以便我可以尝试创建一个类似的新版本。"哈吉同意了，但在接下来的几周里，萨劳频频向他发问，直到他感到沮丧。TT 的所有客户都支付相同的月费，工程师收到的任何需求都可酌情处理，但是萨劳的行为就像公司在为他一个人工作一样。当萨劳再次向他施加压力，问起"订单簿后置"功能时，哈吉告诉他，这超出了自动交易的功能范畴，他需要寻找一个外部程序员。萨劳的坚持让哈吉感到不解，但不久之后，TT 在伦敦聘请了一位新工程师，这不再是他的问题。直到 6 年后，当哈吉在晚间新闻中看到萨劳时，他才又想起了这个人。

崩盘事件

2010 年 5 月 6 日，星期四，萨劳在他家楼上的卧室里醒来，起身打开了单人床床尾的电脑。他仍然在 CFT 租着一张办公桌，

闪 电 崩 盘
FLASH CRASH

但他更喜欢在豪恩斯洛的父母家中进行交易，这里没有干扰，也不担心其他人的窥探。他一个人，并且习惯于夜间活动，除了偶尔打打斯诺克台球或者在他家附近的球场上逛逛之外，他几乎没离开过房间。他的父母纳查塔尔和达尔吉特催他结婚，但他的热情全在交易上。每个星期天，萨劳的父母都和长子贾斯文德以及他的妻子虔诚地前往寺庙礼拜，而萨劳则待在家里睡觉。

萨劳给人的感觉就像是他正在发明印钞机一样，有些让人难以相信，但萨劳的生活实际上就是这样。他用 TT 软件制作的程序不仅是运行而已，事实证明，它极其有效并且具有惊人的效果。在遇到一些棘手的问题之后，萨劳将程序进行了微调，以致他可以或多或少地影响世界上最大的市场之一，并且显得十分随意。就在昨天的几个小时内，他赚了 435185 美元，超过了他父母这幢房子的价值。而前天，他的利润为 876823 美元，是他的偶像莱昂内尔·梅西在巴塞罗那俱乐部每天收入的 7 倍。在职业生涯的早期，萨劳就决定不与他的家人和朋友谈论自己的财务状况，因为他担心说了之后，他们会以不同的态度对待他。现在 31 岁的他，收入已经超过了世界上薪酬最高的足球运动员，除了他的经纪人和几个财务顾问之外，几乎没人知道这件事。

萨劳的行为也不是完全没人注意到。几周前的 3 月 23 日，位于芝加哥的 CME 内部监控部门的一名成员给 GNI Touch 发了一封邮件通知，他们的客户在 5 分钟的时间内有 1613 笔交易被拒，提

第 一 幕

||||||||||||

示信息为"订单不在订单簿中"。互相竞争的市场参与者显然已经看到萨劳的订单放置在订单簿上,但是当他们试图攻击它们时,却发现订单已经消失了。GNI 调查了这个问题,并确认萨劳使用软件一秒删除了大量订单。他们把 CME 的邮件转发给了萨劳,并建议他就此罢手。

接下来的一周,萨劳给 CME 回复了电子邮件并抄送给他的经纪人,表示对由此带来的任何不便表示歉意。他在邮件中说自己只是向他的一个朋友展示高频怪胎们将近一天 24 小时在出价市场里的所作所为,并且他询问 CME 如果对他有兴趣,是否意味着高频怪胎们大规模操纵的时代也将结束。之后,萨劳继续使用这个程序。

在外面的现实世界中,今天是大选日,民众纷纷前往投票站投票。金融危机过后,英国陷入了骚乱之中。失业率上升 50%,苏格兰皇家银行和劳埃德银行已国有化,经济形势不容乐观。左倾的工党在 1997 年的乐观主义浪潮中上台,但正遭到中右翼保守党的反对。萨劳不太在意任何一个派别,就他而言,所有政客都同样糟糕,但是党派的不确定性为股市添了一把火,并且对交易有利。

萨劳的交易策略取决于市场波动,因此,他密切关注各种情况,就像等待完美浪潮的冲浪者。当海水退去时,他躲得远远的,过去几周的迹象非常明显。在 2009 年年中至 2010 年 4 月之间,

闪 电 崩 盘
FLASH CRASH

由于降息和央行资金过剩，全球股市已从危机后的低点反弹。但是危机暴露了欧盟中的腐朽，而且气味越来越浓。在帮助国内银行摆脱困境之后，一些国家尤其是所谓的欧洲五国（葡萄牙、意大利、爱尔兰、希腊和西班牙）背负了债务，并一直与失业、经济衰退和社会动荡做斗争。欧洲中最无助的是希腊，那里的局势已经恶化到非常严重的程度，根本无力偿还债务，希腊实际上已经破产。5月2日，欧盟委员会、欧洲中央银行和国际货币基金组织宣布将提供1450亿美元的紧急援助资金。作为回报，希腊领导人同意实施一项严峻的公共部门缩减计划，这是压倒饱受折磨的希腊人民的最后一根稻草。5月4日，成千上万的抗议者冲入雅典卫城，这是希腊衰落的鲜明标志。

新闻界里的流行术语叫"接触传染"。如果国家开始违约，持有债务的银行将要求国家援助，并且将无法投资于以后的政府债券发行，从而出现一个死亡旋涡，支持像意大利或西班牙这样的大型经济体与希腊是不同的。鉴于欧盟的前景尚未明朗，机构投资者急切地寻求安全感，将资产从欧元区主权债券和股票中撤出，转而积累大量黄金和国库券。到5月6日上午，"恐惧指数"（衡量标普500指数预期波动的指标）自本周起上涨了16%。

萨劳一直等到下午3点20分，也就是芝加哥时间的上午9点20分时，他才单击鼠标，打开了自动交易系统。尽管最近有意外收获，他的家庭电脑设置并不比在Futex削减后的配置复杂，只

第 一 幕

||||||||||||

有满屏都是订单簿、图表、新闻转播和 TT 界面的三台电脑显示器、标准键盘和鼠标，唯一的声音是飞机从头顶飞过的声音以及一台电脑排风扇对抗机器过热而发出的嗡嗡声。萨劳开启了"如果关闭即取消"功能并下了 4 笔卖单，总计 2100 张合约，每个合约间隔一个点，比最低报价 1163.25 高出 3 个等级，总价值为 1.2 亿美元。在接下来的 6 分钟，随着 E-mini 价格的波动，这些订单被自动取消并再次下单 604 次，以确保它们同步并保持未完成状态。由于市场价格已经开始下跌，并且还有许多其他交易正在进行，因此几乎不可能确切知道萨劳的"幌骗"行为到底产生了什么影响，但是当他那天第一次点击关闭算法时，市场暴跌了 39 点。

随着时间流逝，市场里充斥着焦虑感。来自希腊的大暴乱新闻报道显示，身穿黑衣的游行示威者向开着装甲车的警察投掷了燃烧弹，警察们则试图用高压水枪让人群不能靠近。在里斯本，一名顽固的欧洲中央银行行长让－克洛德·特里谢拒绝采取更严厉的措施遏制危机，将西班牙公债利息推至 12 年来的最高点，并迫使欧元走低。欧洲收盘时，蓝筹股 EURO STOXX 50 指数的绩优股下跌了 3%，标普 500 指数紧随其后。就像萨劳在 Futex 上对他的同伴所说的那样，如果市场是一个巨大的心理晴雨表的话，那么表盘就在恐惧和恐慌之间摇摆不定。

在这样的日子里，萨劳将交易集中在空头市场上的方法是最有意义的。当市场价格上升时，它们倾向于以有序的方式在数周

闪 电 崩 盘
FLASH CRASH

和数月中稳步攀升，但是当它们下跌时，很快就能修正过来。当这种情况发生时，萨劳希望能够站对位置并获得回报。正如他后来告诉监管机构的那样，为什么他在不到 20 天的时间里赚到了自己职业生涯中的大部分财富。

坐下来交易几个小时后，伦敦时间的下午 5 点 17 分，萨劳在那天最后一次激活了自动交易。通常，他喜欢每隔 5 ~ 10 分钟使用一次，为了逃避侦查或控制他的曝光，但这一次，他将订单搁置了两个多小时，他还渐渐提高了头寸。萨劳开始周期交易，他下了 5 个卖单，每个订单 600 手，分别高于最高出价 3、4、5、6、7 个点。随着外面天色渐暗，他增加了 1/6，使自己的骗单出价的总额达到了 2 亿美元。订单簿中的拥堵已经让队列严重失衡，并帮助将卖单的数量提高到了其余出价数量的两倍。为了进一步提高压力，萨劳使用鼠标和键盘间歇性地增加了额外的 289 手和 188 手的骗单。随着市场的暴跌，他机敏地进行了真正的交易，一次性卖出大量的 E-mini 订单，然后以少几个点购回。

最终，在伦敦时间晚上 7 点 40 分，也就是芝加哥的下午 1 点 40 分，萨劳关闭了系统并停止了当天的交易。他为什么选择在那一刻停下来，原因还不清楚，也许是他的母亲叫他下楼吃饭吧。后来，监管机构计算出这是萨劳的交易史上第二次最狂热的交易时段，波及附近地区的 1850 万个订单。仅在最后两个小时中，他就买卖了 62077 份 E-mini 合约，总价值达到 34 亿美元。如果市

第一幕

||||||||||||

场在任何时候重新振作，那他的整个账户就可能被掏空。不过相反的是，E-mini 下跌了 361 个点，而他的净利润为 879018 美元。对于接下来发生的事情，他只负责当一位看客。

在萨劳关闭自动交易的 1 分钟后，即芝加哥时间的下午 1 点 41 分，E-mini 开始以前所未有的速度和强度直线下降。他看到标普 500 指数在 4 分钟内流失了 5% 的价值，这比当天全天的跌幅还要大，从而呈现出一张像悬崖外壁一样的价格图表。几乎同时，密切相关的 SPDR 交易基金（被称为"蜘蛛"）在纽约证券交易所也紧随其后暴跌。接下来，个人股票开始下跌，点亮了全球交易员屏幕上闪烁的红色海洋。道琼斯指数 6 个月来首次跌破 10000 点，恐惧指数上涨了 20%，然后是 25%，最后达到 30% 之高。惊恐的市场参与者们拔掉了电源插头，耗尽了流动性，并导致 E-mini 一次以 5 ~ 10 个点的速度下跌。在某个阶段，原油甚至也开始下跌。从法兰克福到上海，相互联系的金融市场变得不受控制，一场世界末日般的景象正在迅速蔓延。然后，恰好在 1 点 45 分 28 秒时，E-mini 订单簿冻结了。下跌速度超过设定水平之后，CME 的止损功能开始发挥作用，并且持续 5 秒钟没有发生交易。在世界各地，交易员和算法不约而同地停了下来。道琼斯指数在这 5 分钟内的跌幅超过了 114 年历史中的任何时段。

当交易恢复时，E-mini 开始从谷底迅速地、奇迹般地爬升。3 分钟后，标普 500 从 1 点 45 分的 1056 的低点跳升至 1 点 50 分

闪　电　崩　盘
FLASH CRASH

的 1096 点，3 分钟后升至 1120 点，将 E-mini 图表转变为陡峭的 V 字形。交易员们还没有立即从集体的恍惚中清醒过来，也没有意识到价格已经变得不正常。交易以超高速自动进行，算法之间以疯狂且不可预测的方式发生反应，正巧在一些参与者贸然退出时，交易量也飙升至接近历史最高点，因为期货像弹球一样来回地传递。

　　除 CME 之外，当天最离奇的事件仍在发生。下午 1 点 45 分到 2 点之间，美国一些最常见的公司股票以与公允价值完全不符的价格易手。宝洁、惠普、通用电气和 3M 的股票价格骤降 10% 或更多，而受欢迎的交易所交易基金 IShares Russell 1000 价值指数从 50 美元跌至 0.0001 美元。埃森哲咨询公司只卖了 1 美分。另一方面，苹果和苏富比拍卖行的交易价格均为每股 10 万美元，暂时将其估值推升至数万亿美元。

　　股市的过渡区也将是短暂的。随着 E-mini 继续反弹，参与者试探性地回到股票市场，个人股票又开始回到接近下午 1 点 30 分之前的交易水平。在半个小时内，市场挽回了大部分损失，截至纽约证交所收盘时，道琼斯指数回落至 10520.32 点，当日虽然涉及数额巨大，但是跌幅不算显著，仅为 3.2%。任何恰巧在 2010 年 5 月 6 日下午 1 点 30 分离开办公桌并去喝了咖啡的交易员都错过了这场崩盘，但金融界在 20 分钟的时间里陷入了深渊。最终，没人知道到底是什么原因造成了这场灾难，虽已挽回，但其影响却要经过数年才能恢复。至于萨劳，他休息了几天。那月晚些时候，当CME向他再次发出提醒，要求其诚信交易时，他给经纪人发送了封电子邮件，他写道："给CME打个电话，让他们见鬼去吧。"

第二幕

FLASH CRASH

崩盘余波

2010 年 5 月 6 日，美国东部时间下午 6 点 30 分，市场收盘后，财政部部长蒂姆·盖特纳召开了总统金融市场工作组的紧急电话会议。CFTC 主席加里·根斯勒和美国证券交易委员会（Securities and Exchange Commission，简称 SEC）主席玛丽·夏皮罗加入了本次紧急会议，还有来自美联储的主席本·伯南克、纽约联邦储备银行的行长威廉·达德利以及该国主要金融机构的其他领导人。这个金融市场工作组是由罗纳德·里根总统在 1987 年 10 月的那次市场崩盘之后创立的，目的是更好地促进政府机构之间的协调。通俗地说，由于未经证实但流行的谣言说它定期干预市场以服务于政府，所以它被称为"暴跌防护小组"。在这个特殊的晚上开电话会议的目标是要寻求一个答案，一个可以回答那时世界各地成千上万人的问题的答案——之前到底发生了什么？

盖特纳要求与会者逐一讨论他们可以查明的事情。当天的事件与 1987 年崩盘有一些惊人的相似之处，在市场动荡的情况下，

闪 电 崩 盘
FLASH CRASH

标普指数期货的大幅下跌已经渗透到了股市中，因为参与者们仓皇退出导致交易量骤增。这种疯狂的举动将市场的基础疏导系统推到了极限，导致数据输入延迟和一些失控的异常交易。最大的不同是，1987年的崩盘持续了一天（史称"黑色星期一"）才收尾，而这次的"闪电崩盘"在半个小时里就结束了。值得庆幸的是，这一次市场反弹到了正常状态。没人知道是谁或是什么原因造成了崩盘，传言的罪魁祸首从狡猾的交易员变成黑客再到后来的恐怖分子，但人类可以用肉眼观察市场阴谋诡计的时代已经一去不复返了。为了获得接近明确答案的线索，CFTC负责监督期货，SEC负责股票，它们需要以微秒为单位获取和分析交易数据，并建立出"谁在什么时候做了什么"的画面，这是电子时代以前从未尝试过的规模巨大的任务。

有人可能希望监管机构能够实时监督市场情况，但实际上，数据是由交易所收集的，并且仅应要求传送。就期货而言，大多数产品在单个交易所进行交易，这相对简单。CME已经向CFTC发送了包含当天E-mini交易详情的文件，股票又是另外一回事。自2005年以来，引入了一系列旨在增强竞争的规则，美国股票市场变得混乱不堪。多个交易所、网络公司和不知名的交易场所如雨后春笋般出现，投资者们可以从中购买股票，而SEC在进行全面分析之前，必须先等待所有这些机构的回音。盖特纳建议根斯勒和夏皮罗在下周与主要交易所的负责人会面，并结束了这次电话会议。

　　崩盘的原因还不清楚，政府想安抚公众，证明事情已在掌控之中还是很有压力的。从崩盘的第二天到周末，"闪电崩盘"成了新闻界的焦点，舆论一致认为责任应该归于算法交易的兴起。《纽约时报》写道："HFT 失灵，导致投资者痛失数十亿。"时机几乎不能更糟了。当月，自大萧条以来最大的财政法案——《多德－弗兰克华尔街改革和消费者保护法案》（以下简称《多德－弗兰克法案》）出现在整个参议院。这是一项庞大的立法，机构中的人员已经全天候处于工作状态。然而，鉴于 2008 年的金融危机，它的重点是监管衍生品并提高银行的弹性，这期间几乎没有提及算法或 HFT，导致一些立法者质疑当局是否忙于应对上次危机留下的风险以致他们未能发现即将到来的冰山。崩盘事件发生的第二天，5 月 7 日，两名民主党参议员特德·考夫曼和马克·沃纳发表了一份公函，要求监管机构在签署《多德－弗兰克法案》的 60 天内发生的事情向国会报告，他们写道："由于软件故障而导致市值暂跌了 1 万亿美元，这是不可接受的事情。"

　　为了回应大众舆论，政府按照常规做法选择成立一个委员会，由 CFTC 联合 SEC 成立新兴市场监管问题咨询委员会，成员由行业领导者、前监管者和获得诺贝尔奖的教授们组成。这个委员会的任务是考虑在这个全新的科技世界中，在有需要的情况下，应该对市场的结构和监管做出什么改变。这是一个出色的团体，

闪 电 崩 盘
FLASH CRASH

年龄最小的成员是 55 岁，但没有一个人有 HFT 的亲身经历。同时，CFTC 和 SEC 的工作人员将共同努力整理 5 月 6 日的事件信息。负责 CFTC 部分工作的是彬彬有礼的塞勒斯·阿米尔－莫克里，他是来自世达律师事务所的前合伙人，他需要尽快投入对"闪电崩盘"的调查中去，同时证明他们认真对待此事的态度。

阿米尔－莫克里成立了一个团队，大约有 20 名成员，包括律师、调查员和经济学家。这些成员来自 CFTC 总部，位于华盛顿中心橙色大楼的 9 层。执法和市场监督部门的一些人员受命询问崩盘当天最活跃的交易员们，其他人则负责审查更广泛的宏观经济因素，详细的逐项贸易分析将由一组专业学者处理，负责人是一位年轻的乌克兰籍经济学家安德烈·基里连科。每天晚上 7 点，团队都会在 9 层的会议室开会来讨论进度，他们在这几天里几乎没有睡觉。一位工作人员回忆说："我们已经几近崩溃，会不断听到国会和白宫打来电话的消息，他们需要知道答案！"

压力来源还有媒体不断的评论和猜测。《华尔街日报》上的一篇文章讽刺性地暗示，由《黑天鹅》的作者纳西姆·尼古拉斯·塔勒布建议的一家基金进行的交易，可能对这次的股市暴跌起了一定作用（《黑天鹅》是关于极端经济事件概率的最畅销著作）。另一方面，CNBC 网站引起了一阵激烈的讨论，原因是传出了事件的起因可能是宝洁公司输错了交易金额。然后是关于受害者的故事，在 5 月 6 日市场休市后，一家名为 FINRA

第二幕

‖‖‖‖‖‖‖‖‖‖‖

的经纪自营行业机构与交易所达成了一项交易，在崩盘开始之前取消任何价格与他们价格相差 60% 以上的交易。大约有 2 万笔股票交易因此彻底报废，但并非所有交易都达到了临界值，导致一些人损失惨重。

麦克·麦卡锡，无业，来自南卡罗来纳州，是 3 个孩子的父亲，母亲在 2009 年去世，他继承了一些中型股票投资组合。由于崩盘当天下午的情况恶化，他惊慌地打电话给摩根士丹利的经纪人，告诉对方开始清算股份，包括宝洁公司的 738 股股份。很不幸的是，他的经纪人在市场暴跌时执行了该指令，麦卡锡最终只卖到了每股 39 美元，如果他早 20 分钟或晚 20 分钟再进行交易的话，就每股就应该是 60 美元左右了。这让他损失了大约 17000 美元。他对《华尔街日报》记者说道："这相当于有 6 ~ 8 个月的抵押贷款在那儿等我。"从全国范围内看去，达拉斯的一个名为 NorCap 的小型对冲基金在陷入失败交易时被迫购买一些期权以弥补头寸损失，但最终还是损失巨大。该订单下达之时，期权价格从大约 90 美分飙升至 30 美元，并且由于 FINRA 的错误贸易协议未涵盖衍生品，包括 HFT 巨头 Citadel 在内的交易对手都拒绝毁约，该基金的损失超过了 300 万美元。

市场形势的变化着实让萨劳感到高兴。标普 500 指数下跌 4% 之后，萨劳自认的对手 —— 伊戈尔·奥斯塔彻购买了大量的 E-mini 订单，在 1 分钟内损失了 350 万美元。奥斯塔彻正确地预

闪 电 崩 盘
FLASH CRASH

测了市场将会反弹，但是随着市场的持续下跌，俄罗斯小伙失去了勇气坚持，他退出了自己的仓位，这也造成了他职业生涯中最大的损失，几天后，他退出了自己学生时代就加入的 Gelber 公司，自己开始创业。另一位受害人是经验丰富的场内经纪人丹尼·莱利，当他的一名交易员在市场反弹之前的片刻接受了一家对冲基金的巨额订单时，丹尼·莱利的操作几乎被彻底抵消。"我们看到标普指数已经完全崩溃了，扬声器里的一个家伙在大叫。在它开始反弹之后，我记得俯身看了看桌子的另一头。我问其他人怎么样，他们都点了点头，但有一个人摇了摇头，说他有问题。"莱利恳求合约方解除交易，但被拒绝了，这让公司最终损失了约 800 万美元，他把一些原因归咎于监管机构未能遏制算法交易的兴起。"谁让这些东西走了后门，谁没有控制住它？我是芝加哥人，一切从那以后就不受控制了。"他在 Stocktwits 播客的一次采访中说道。

崩盘事件发生一周后，根斯勒、夏皮罗和主要交易所的负责人在靠近美国财政部盖特纳办公室的一间华丽的大型会议室召开了会议，气氛很紧张。一方面，代表期货行业的是 CME 集团的首席执行官特里·达菲，一位浮夸的前爱尔兰股票场内交易员，像自家人一样捍卫着 CME 的声誉。另一方面，代表证券市场的，是来自纽约证券交易所和纳斯达克等公司的高管。自崩盘当天下午开始，紧张局势就一直在发酵中。CFTC 的一位官员回忆说："这仅仅就是一场大型的管辖权之战，有人说 SEC 搞砸了，CFTC 表

第 二 幕

ⅠⅠⅠⅠⅠⅠⅠⅠⅠⅠⅠ

现得妥当，也有人持相反的看法。"高管们花了两个小时的时间来轮流解释他们切实地做了应该做的事情，其他的市场则表现很失败，它呼应了 1987 年期货和股票之间的类似口水战。在会议结束时，大家没有伤和气，但关于是谁的责任也没有达成共识。

回到 CFTC，调查人员的首要任务是确定在欧洲中部时间下午 1 点 41 分之前和之后 E-mini 订单中最活跃的人，也就是在崩盘的归零点。搜寻了大量交易记录后，他们很快发现在那个下午卖出了比其他任何人都多的 E-mini 订单的 Waddell&Reed，一家中等规模的共有基金，由一对参加过一战的退伍老兵于 1937 年在堪萨斯建立，旨在帮助家庭一步一步地计划未来，不论其背景或财富水平如何。Waddell&Reed 的一流投资工具是价值 270 亿美元的常春藤资产战略基金，该基金由公司总裁迈克尔·艾弗里一并管理。在 2010 年的大部分时间里，艾弗里一直看涨，在崩盘当天，该基金有 87% 资产都在股市中。但是那天早晨，随着道琼斯指数下跌，欧洲的坏消息成为头条新闻，他的态度发生了变化，他让员工通过出售总价值为 41 亿美元的 75000 份 E-mini 来对冲他们在股票市场的风险。这样，如果市场持续下跌，该基金承担的股票损失将至少部分被 E-mini 下跌所带来的收益所抵消。通常，该公司的首席交易员杰夫·奥尔布赖特本应会审查如此大额的交易，但奥尔布赖特和他的几个同事那天在希尔顿酒店的酒吧里参加由堪萨斯城证券协会举办的活动。在他不在场的情况下，办公室的

闪 电 崩 盘
FLASH CRASH

交易员利用英国巴克莱银行提供的算法平台进行交易。就其本身而言，这并不罕见，基金经理总是使用算法来分割大笔订单并秘密地执行交易，但是他们选择的特定程序有问题。

巴克莱平台允许客户根据市场容量、价格、速度等因素来确定如何执行订单，Waddell&Reed 的交易员们选择了一种变体交易，该种交易是在前 1 分钟以总交易量的 9% 出售 E-mini。他们的想法是，随着交易量的增加以及市场吸收订单的能力逐渐增强，卖出量会增加，当市场放慢脚步时，算法得以缓解。但是，Waddell&Reed 未能采用任何类型的紧急自动防故障装置，例如，它没有设定每单 E-mini 可接受的最低价格，或者在给定时间范围内接受准备卸载合约的上限。在正常情况下，这种算法本来可以让 Waddell&Reed 达到低调地执行大量订单的目标，并且在其他参与者不会注意的情况下缓慢地放出 E-mini 订单，但是当欧洲炎热的一天过后，他们在下午 1 点 32 分开启该程序时，市场变得很不正常。在 7 分钟内，Waddell&Reed 的算法已经卸载了约 1.4 万个 E-mini 订单。到这时为止，许多 HFT 和对冲基金已经受条件的困扰关闭了机器，剩下的几个买家却消失了。下午 1 点 41 分，没有任何支持，E-mini 开始像失控的电梯一样坠落。如果 Waddell&Reed 的交易员反应更快一点，他们可能会关闭程序。相反，由于交易量飙升，他们这种对交易量敏感的算法也提速了，尽量撤出大批订单。CFTC 后来得出的结论是没人可以与之交易，

第 二 幕

||||||||||||

卡住的自动化参与者陷入了一种发狂状态，E-mini 之间反复地互击。机构管这种叫作"烫手山芋"效应。等到 CME 的止损功能在下午 1 点 45 分 28 秒启动时，交易暂停了 5 秒钟，Waddell&Reed 已售出了价值 19 亿美元的 E-mini，在接下来的 6 分钟里，随着市场反弹，它卸载了剩余的 22 亿美元订单。整个交易是一年中最大的一笔 E-mini 交易，只用了不到 20 分钟的时间就已经完成，相当于发生了 12 级飓风的威力。根斯勒在讲话中将这种行为描述为"掉到峡谷里的无人驾驶汽车"。

CFTC 毫无疑问地认为 Waddell&Reed 庞大的卖单是崩盘的主要导火索，但经济学家基里连科想知道 HFT 发挥了什么作用，毕竟基金和银行一直都在进行不合时宜和不周全的交易，但是市场从来没有这样猛烈下跌。从上一年开始，基里连科和他的同事们在一个名为"首席经济学家"办公室的部门工作，其中许多博士生因为想有权使用准时的机密贸易数据而被该机构吸引。他们已经建立一种现代电子期货市场的分析模型，以了解 HFT 的普及程度及其为何如此有利可图。崩盘事件之后，这项成果脱颖而出。当时在 CFTC 任职的马里兰大学教授阿尔伯特·皮特·凯尔回忆说："HFT 在议程上的曝光率仍然很低，但是我们汇集了所有问题。比如，如果其中一个算法暴走会发生什么，以及这些算法对制造竞争性市场是促进还是干扰。"

研究人员在 5 月 6 日发现，总共约有 15000 个参与者参加了

闪 电 崩 盘
FLASH CRASH

E-mini 交易，范围从 Futex 公司之类的交易员到全球最大的养老基金。他们分为 16 种类型，HFT 会根据他们的属性进行大额交易，但不会积累大额头寸并在一天交易结束时平仓。这批总部位于芝加哥的实体仅占参与者的 0.001%，但交易总量的占比为 29%。HFT 公司喜欢谈论它们如何将流动性带入市场，从而使所有参与者都更容易在需要时凭借合理的价格进行买卖，但相关数据表明，在市场即将变化的时候，这些公司中最赚钱的大多是通过市场刚刚要变动时野蛮打击其他参与者安置的报价来消除流动性的那部分。崩盘的当天下午，大多数 HFT 公司要么关闭程序，要么加入了抛售狂潮，进一步推低了价格。基里连科及其同事写道："在崩盘期间，HFT 的交易行为似乎加剧了价格的下跌。我们认为技术创新对于市场发展至关重要，但随着市场的发展，必须适当调整保障措施以维护金融市场的完整性。"

SEC 这边在几个月后仍然无法完全掌握股市情况，也未能搜集到足够的交易数据，无法像 CFTC 掌握期货那样进行股票分析。由于没有这些数据，SEC 通过和交易员面谈来了解他们的经历。对话表明，当天下午实际上发生了两次崩盘，一次是在下午 1 点 41 分至 1 点 45 分之间的 E-mini 交易中，另一次是在下午 1 点 45 分至 2 点左右的个人股票交易中。由于现代市场具有高度互通互联的性质，当 E-mini 价格暴跌时，也随之触发了股票交易员们的系统自动停工。反过来，这又激发了一连串的抛售，而且由于剩

第 二 幕

‖‖‖‖‖‖‖‖‖‖‖‖

下的买家很少，股价迅速下跌，在短短几分钟内，超过 1000 只股票和交易型开放式指数基金下跌了至少 10%。纽约证券交易所当天正好升级其 IT 系统，导致报价一直持续 20 秒没变。加速订单撤离是最大股市中的一个技术问题，一个市场的虚拟周期速度是以百万分之一秒为单位来衡量的。

有些股票以不到 1 美分的价格易手，而另一些以 10 万美元的价格交易的奥秘可以归结为一个神秘的规则——每一只股票的市场制造者在任何条件下都要提供报价。这条规则原本应该通过保证始终有人愿意进行交易来防止诸如"闪电崩盘"之类的事件发生，但就像曾在华尔街的一些交易商一样，他们发现了一种解决方法，就是可以在订单簿中以极高或极低的报价离开。在 2010 年 5 月 6 日之前，似乎很难想象这些"存根报价"会遭到打击。

在崩盘事件发生近 5 个月后的 9 月 30 日，CFTC 和 SEC 发布了它们的联合报告，确定了导致市场崩溃的原因，有点像在说导致第一次世界大战或希特勒崛起的原因。在高度复杂的系统中总是存在多种因素，不同的人将根据他们对世界的看法而赋予不同的权重。监管机构描绘的画面是一场完美的风暴，来自保守派基金的庞大、笨重、单向的卖盘恰好在错误的时间到达，使本来就高度多变的市场价格暴跌。作者总结说，HFT 公司并没有造成崩盘，但无论是强力抛售还是争相退出，它们也一点帮不上忙。

这些结论不可避免地引起了批评，尤其是受到 CME 集团资金支持的 Waddell&Reed 的批评，其发出声明称："没有证据表明我们的交易在 5 月 6 日扰乱了市场，我们通常发起的同等规模交易很容易被市场吸收。"HFT 的一位先驱，也是一家名为交易机器人系统公司的创始人戴夫·卡明斯对调查的结论也表示反对，他写了一封犀利的电子邮件，这封邮件被选进了新闻报道中，邮件写道："谁在没有限价的情况时下达 41 亿美元的订单？当大家将人类明显的判断失误归罪于技术时，这让我很生气。"

　　这份长达 104 页的报告和 CFTC、SEC 高管在接下来的几个月中就此主题进行的无数采访和演讲中都没有提到任何关于"幌骗"或市场操纵的内容。该报告的初版提到在 E-mini 交易中买卖订单存在明显失衡和导致流动性突然混乱，但没有试图考虑造成这种失衡的原因。换句话说，没有人把这种破坏力和一位住在伦敦市郊、利用自制的算法系统进行交易的独立交易员联系在一起，而某一天，他竟然成了这种破坏力的代名词。

榨取市场

　　在 2010 年春季的一个清晨，两个穿西装的男人，一个 60 多岁，

第 二 幕

||||||||||||

另一个 30 岁出头，他们在位于伦敦历史悠久的司法区一幢雅致的独栋洋房外面一边搓手取暖一边等待。他们要在布景奢华的 Pump Court 税务庭和人见面，但他们的客户明显迟到了，这让人很恼火。在约定时间的一个小时之后，一个摇摇晃晃的身影朝他们走来。这个人戴着无檐帽，穿着老旧的飞行员式皮夹克，里面搭配的似乎是一件印有超人形象的 T 恤衫，手里拿着麦当劳的棕色纸袋。"萨劳，很高兴见到你！"年长的保罗·詹姆斯笑着说道，没有提起时间的问题。

詹姆斯是 Advanta 会计师事务所的合伙人，该事务所位于英国伊斯特本的一个海滨小镇上，客户多是像萨劳这样的期货交易员，业务是向他们介绍投资机会和税收计划。和收取的佣金相比，詹姆斯的会计师薪水显得不值一提。随着萨劳的资产飙升，他开始寻找新的赚钱方式，所以詹姆斯介绍他与自己的联络人见面，其中也包括和联络人一起的年轻同伴迈尔斯·麦金农。进门后，他们被带去了放满法律书籍的会议室。在那里，他们见到了该国卓越的税务律师之一的安德鲁·桑希尔，还有另一个人，对方专门从事离岸金融业务并组织了这次会面。会面主要围绕着一个话题——如何处理萨劳庞大且迅速增长的财富。

自 1969 年以来，桑希尔一直都为贵族和商业巨头提供咨询服务，主要是关于如何在不违背英国税务总署制定的规则下最大限度避税的问题。很少会有人在参加他的会议时还吃着麦香鱼汉堡，

闪 电 崩 盘
FLASH CRASH

但桑希尔立刻喜欢上了他的新客户。当萨劳总结自己的交易策略为"基本进出"时，桑希尔惊呼道："说得好极了！"萨劳如何赚钱实际上没有他计划怎么用钱重要，而且年轻的交易员已经证明愿意接受把钱交给他处理的想法。

2005 年，当萨劳在 Futex 租用办公桌时，他也成立了一家独资公司——纳温德·萨劳期货有限公司（Nav Sarao Futures Limited，简称 NSFL）。2009 年，当他的资产从 33 万美元跃升至 2000 万美元以上时，詹姆斯将他介绍给了一家名为蒙彼利埃税务咨询公司的销售总监约翰·杜邦，该公司专门从事极限避税方案。萨劳签署了一项计划，该计划涉及他的公司 NSFL，在一系列虚假和亏损的衍生品交易之后，萨劳的应税收入被大大削减。萨劳对效果很满意，他现在可以对自己交易行为进行更大幅度的修整。

桑希尔的提议写在了他从粉红色缎带上解开的文件中，他的提议是让萨劳在加勒比海的尼维斯岛上注册两个所谓的员工福利信托公司。第一家将持有萨劳的英国公司股份，为了符合要求，必须由居住在尼维斯岛上且表面上独立的受托人在可控范围内进行管理。第二家公司将拥有 3000 万美元的累计利润，这些钱将立即贷款给 NSFL，以便萨劳进行交易。桑希尔解释说，这种资金结构能够让萨劳使用自己的钱而不会触发税单。在这种欺骗行为背后，萨劳将是这两个实体的最终受益者。为了证明这种员工福利计划的合法性，NSFL 需要多于一名员工，作为杜邦商业伙伴的麦金农同意以董事身份加入该公司，公司能够正常运转后，他就会辞职。

在签署文件后，萨劳沿着皮卡迪利大街赶回了豪恩斯洛区。几周后，这位离岸专家说服他在毛里求斯建立了另一种渠道，它将用于投资与交易无关的现金，名称为"纳温德·萨劳榨取市场基金"。萨劳在未见到任何收益之前就为这项工作支付了230万美元的专业服务费用，其中有20%交给了麦金农、杜邦和詹姆斯以建立联系。

在顾问们处理他的商业事务时，萨劳可以自由地专注于交易。欧元区危机继续扰动着世界各地的市场，在2011年，经过改良的TT算法和他的急速投机相结合，萨劳的交易情况比以往任何时候都要好。他交易最好的一天是在8月4日，只动用了一些备用金，当时意大利和西班牙的大灾难新闻、疲弱的美国就业数据以及有关美国政府债务即将降息的猜测都撞在一起，这些消息让标普500指数下跌了4.8%，是自雷曼兄弟破产以来最大跌幅，萨劳一直搭乘着E-mini这趟便车，他在休市时已经赚了410万美元。

积累了这么多的财富，萨劳面对的最大问题变成了如何处理这些钱。他喜欢跑车、昂贵的手表，还喜欢去奢华的夜总会，但这些都远不及他积累更多财富的那种感觉。他发现自己很难不考虑任何消费，无论买多小的东西，都像在吞噬他的交易资本。当向他献殷勤的金融家和律师询问他如何利用不断增长的财富时，他给出了许多不同的答案——建立一个动物保护基地、移民加拿

闪　电　崩　盘
FLASH CRASH

大去玩单板滑雪、向慈善机构捐钱、在西班牙或南美洲买一支足球队。对于萨劳而言，谈论未来只是短暂地转移一下注意力，而获得更多金钱才是他迫切和停不下的奋斗目标。他的顾问们向他保证，他们可以提供帮助。

身材矮壮且步伐稳健，迈尔斯·麦金农天生是一个橄榄球运动员的料，但他后来重新考虑了自己的未来。他没上过大学，接受的是私人教育，善于交际，在安盛人寿保险公司做过销售工作，后来在苏黎世金融服务集团认识了杜邦，杜邦比他年长 5 岁，有着托利党的关系，给人稳重可靠的感觉。麦金农和他当时的接触不到一个月，但两人始终保持联系。

在接下来的几年中，麦金农在一家公司赚取佣金，这家公司瞄准那些扑向失落宝藏的投资者，听起来很不靠谱。发现达布隆（西班牙旧时的金币）的情况很少见，但是由于法律中包含一条旨在促进风险投资的条款，客户们可以获得巨额税收减免的补偿。同时，杜邦于 2005 年离开苏黎世，在蒙彼利埃驻伦敦办公室担任管理职位。在皮卡迪利广场附近一个热闹的房间里，他的员工给交易员和企业家们打电话，并极力推销减税的创新方法，以收取他们节省费用的 20% 作为佣金。一位前员工回忆说："那里的每个人都以为自己是《拜金一族》里的布莱克。"（《拜金一族》是 1992 年拍摄的一部以销售世界为背景的标志性电影）

像蒙彼利埃这种做避税生意的公司与当局一直在玩永久性的

第 二 幕
||||||||||||

猫鼠游戏。在确定了立法中的潜在漏洞（例如怎样对待慈善捐赠或股利）之后，这些公司会付钱给律师设计一个方案，然后将方案销售出去，直到税务抓到再关闭。许多客户都知道这些公司最终可能会被迫缴税，但这些客户认为手头的钱在几年内起码可以充裕些。蒙彼利埃公司承诺客户，如果涉及法律草案，他们会付账。一位税务顾问回忆说："有种观念认为税收只是需要被管理的另一种成本，而在不违法的情况下为了避税而所做的任何事情都是公平的游戏。"但是，当金融危机来袭时，政府原来自由放任的态度会转变，开始强硬起来。2010 年，当局开始调查蒙彼利埃传播税收欺诈的行为，查封了他们的办公室并逮捕了一名高级总监。虽然后来针对这名总监的指控被撤销，但公司也倒闭了，2000 名客户被勒令偿还共计 2.5 亿美元的未缴税款。

从来没有指责过自己的杜邦，在情况变得难堪之前就离开了。2010 年 4 月，在萨劳向新机遇敞开怀抱时，麦金农和杜邦一起创立了公司（后来的 MD 资本合伙公司），这是一家"精品私人股份公司"，将有钱人与高风险、高回报的投资机会联系在一起，可以换取发现者的酬金，也许再加上一份股权。他们在梅菲尔（伦敦的上流住宅区）的市郊租了一个位于地下室的办公室，那里是对冲基金、私人会员俱乐部和 5000 万美元公寓的所在地。他们通过别人很快就找到了律师和独立财务顾问，就像詹姆斯一样，他愿意把客户送到可以获得高回报的地方。要说服聪明有见识的投

闪　电　崩　盘
FLASH CRASH

资者，想象中的场景是要把对方堵在一系列酒吧、技术初创企业或投资性企业中，声称5年的预期回报率为300%，但现实情况很少如此。他们穿着定制的西装，戴着昂贵的手表，在五星级酒店的大厅里描绘他们的蓝图。下班后，他们在慈善活动和俱乐部（如国际银行家同业公会）中展开社交。麦金农是精力充沛并且有些冷酷的人，杜邦则是一个社交"变色龙"，他给谈判带来了一定程度的技术知识。他们建立了大约6个客户的花名册，其中萨劳是当时最大的投资者。

对于像麦金农和杜邦创立的公司，很难找到比萨劳更合他们心意的客户了。他拥有恒定的资金流，似乎不需要消费，并且随着英格兰银行的基本利率徘徊在0.5%的水平，他愿意考虑采取任何方法来获得即便是微不足道的回报。麦金农向他提出"沉船计划"，但萨劳直接拒绝了这个计划，他说回报率不够高，他只对自己将是唯一或主要投资者的项目感兴趣。然后麦金农和杜邦又提出了其他想法，他们让自己变得对萨劳来说不可或缺。当萨劳说他对自己的银行瑞士信贷不满意时，麦金农组织了一次与高盛投资的会议。在俯瞰圣保罗大教堂的办公室里，高盛的一位顶级私人银行家在推荐时，萨劳用一只茶匙喝掉了一整杯咖啡。"你喝咖啡的方式很有趣，是怎么回事呢？"麦金农在出去的时候问道。萨劳回答说他平时不喝咖啡。"或许下次不要点咖啡。"麦金农说道。

第 二 幕

||||||||||||

2011 年，就在萨劳将业务移至尼维斯仅仅几个月之后，英国税务海关总署为了消除所谓的"变相薪酬"，正式宣布将修改员工福利方案的立法。根据新规定，萨劳有两种选择：偿还他从其中一个信托中"借入"的 3000 万美元，但是这样他就没有了交易资本；另一种是缴纳超过 1000 万美元的税款，同时，作为萨劳不再支付税款的垫脚石，"纳温德·萨劳榨取市场基金"在起步之前就倒闭了。当萨劳为难时，麦金农和杜邦将他介绍给了他们认识的一位半退休的税务专家布莱恩·哈维，他们认为这位专家可能会帮得上忙。哈维做了很多年的税务稽查员，然后才转到兼职，他可以在南部海岸的家中提供建议。在听完萨劳和他的顾问们在斯特兰德大街附近的一家酒店大堂中解释完这个问题后，哈维建议拆掉整个在尼维斯的业务并重新开始。几周后，在 2011 年 10 月，他致信萨劳，详细介绍了方案。

萨劳同意了哈维的计划，这个要比桑希尔的计划复杂得多。它以所谓的"个人投资组合债券"为基础，概括了为什么许多人鄙视离岸金融系统。首先，哈维让一家名为阿特拉斯保险管理的小型离岸保险公司在安圭拉成立了一家名为 International Guarantee Corp（简称 IGC）的新公司，接下来，阿特拉斯建立一项债券，其唯一的投资是 IGC 的所有权人。最终，持有尼维斯信托之一的约 3000 万美元现金被转移到该实体中。官方上是阿特拉斯管理 IGC。它从自己的员工中任命了董事，开启招聘，并可以

闪　电　崩　盘
FLASH CRASH

在任何决定上签字，但这是一个骗局。作为 IGC 的唯一"投资顾问"和受益人，萨劳拥有对该实体的完全控制权。如果他想取出多少钱或投资，他所要做的就是发送一个请求，最后就会完成。而且根据所谓的担保安排，萨劳的经纪人接受了 IGC 的资产作为抵押品，使他能够继续交易。对于这项工作和其他任务，哈维向萨劳发送了一笔 51 万美元的账单。这可以用于让萨劳全面地控制资金，让他能够进行交易并让税务局陷入困境，这只是一笔小费用。不过，有一个问题甚至连哈维都无法消除，作为一名英国公民，如果萨劳想要试图把自己的钱汇回国内，他将被拥有无限权力的税单打中，能避免这种情况的唯一方法是去其他地方定居，但这些都是次要考虑的事情了。

随着萨劳的事务重回正轨，麦金农和杜邦提出了一个新的投资构想，可以将他从有钱的日内交易员迅速变成有钱的对冲基金经理人——投资风电场。在苏格兰，新政府已承诺到 2020 年将用可再生能源满足苏格兰 100% 的电力需求，并且正在对拥有涡轮机向国家电网输送电力的公司提供补贴。苏格兰是欧洲多风天气的地方，投资者们计算了一下，他们可以通过购买一大片无人居住的土地并安满涡轮机来获得丰厚的回报，同时为保护环境尽些绵薄之力。并非所有居民都对乡村被 90 英尺高的结构所困扰的前景感到高兴，但是麦金农和杜邦与爱丁堡取得了联系，他们说这里是唯一可以开发苏格兰土地的地方。一名估算师兼房地产开发商马丁·戴

第 二 幕

||||||||||

维成立的企业是首批为回应政府的可再生能源承诺而成立的企业之一。他与苏格兰最大的土地银行之一达成了一项独家协议，该银行给了他一份长名单，上面列出了可能愿意在其土地上托管涡轮机的农民和土地所有者。戴维建议萨劳加入该业务，萨劳首先将提供 1300 万美元的启动资金，如果需要的话，再加上一项 650 万美元的认捐，而戴维则负责日常运营——确定地点、安排勘测并获得相关批准。有了土地之后，将其打包并出售给机构投资者，目标是从 10 个能够产生 5 亿瓦特功率的地点开始开发系列产品。戴维估计企业将在 3 年内开始盈利，根据风能的现行汇率，其价值在 5 年后将超过 3.3 亿美元，这是一笔巨额的投资回报。

经过数月的鼓励，萨劳对这个交易热心了起来，但他希望获得一些保证，以免他的钱打水漂。麦金农和杜邦建议成立另一家公司进行风险管理，他们将成为董事会的一员，密切关注任何支出，萨劳可以核对花费。萨劳同意了这个建议。2012 年 4 月，他的离岸公司 IGC 的董事们以及与戴维关联公司的董事们在税务优惠的曼岛成立了 Cranwood 股份有限公司，大约在同一时间，麦金农、杜邦和戴维成立了苏格兰风能有限责任公司。萨劳向麦金农和杜邦支付了 66 万美元的发现者费用，并同意在本钱回款后将他的利润分成给他们一份。他们去了伦敦的一家酒吧庆祝，喝了昂贵的苏格兰威士忌，萨劳用可乐冲淡了酒味才能喝下去。

商业大亨纳温德·萨劳诞生了。

尘埃落定

在萨劳苦苦思索如何处理他不断增长的财富时，HFT 在美国的争论越来越激烈。哥伦比亚广播公司的 60 分钟时事节目播放了关于一位"数学奇才"的片段，这位"数学奇才"可以秘密操控股市，而且几乎每天都会发生"微型闪电崩盘"的情况，涉及思科系统和华盛顿邮报等公司，它们的股票系统上会出现原因不明的短暂故障。2010 年 12 月 8 日，在 CFTC 和 SEC 发布联合报告两个月后，参议院银行委员会举行了名为"股市闪电崩盘：原因与解决方案"的听证会。发起议程的民主党人卡尔·莱文说："如今，传统上一直令世界羡慕的美国资本市场已经破裂，它们很容易遭受系统故障和交易滥用的攻击，并且其操作运行存在监督盲点。这个市场让我们得以启动经济并投资于美国未来的股市，但它极易受到市场功能障碍的影响，也伤害了投资者们的信心。"

国会山会议室里，来自 SEC 的玛丽·夏皮罗和 CFTC 的加里·根斯勒在卡尔·莱文和其他委员会成员面前变得非常不自在。监管机构已经采取了一些措施来处理公众的担忧，SEC 正在引入股票熔断机制，类似于 CME 的止损逻辑，如果价格突然地上涨或下跌，就能自动停止交易，导致股票不到 1 美分就可以易手的意向报价也会被禁止。在期货方面，CFTC 提出了一项规则——除非向所有人提供相同的机会，否则 CME 或任何其他交易所向特定客户出让可以更快访问它们服务器的机会均属违法。莱文明确指出，最显眼的问题仍然存在——当今的交易员拥有最新、最快的技术进行交易。监管机构就像骑着摩托车一样，以 20 公里 / 小时的速度追赶那些开着汽车以 100 公里 / 小时行驶的交易员。

正如"闪电崩盘"所展示的那样，监管机构不仅无法实时监控股市的发展状况，甚至在过去的 7 个月里，SEC 都没有获得必要的数据来判断"闪电崩盘"的半小时内发生了什么。如果裁判不能观看比赛，那他们怎么进行裁定呢？为了解决这个问题，夏皮罗提出了一个名为"合并审计追踪"的建议。这个建议是建立一个庞大的数据存储库，可让监管机构追踪整个市场的订单以及确定处理该订单的经纪人，但要建成这个数据库至少需要 4 年的时间且要花费大约 40 亿美元。同时，金融警察将不得不继续依靠私人交易所来提醒他们出现问题。"随着金融市场的进化，政府监督它们的能力越来越落后。从根本上讲，这是一个资源问题。SEC 在 2010 年的预算刚刚超过 10 亿美元，而 CFTC 的预算不到 2 亿美元，这些机构每年都请求更多资金支持改进它们的落后技术，但是每年都被驳回。与此同时，HFT 巨头 Citadel 的创始人肯·格里芬在去年一年的时间里就坐收 9 亿美元。差距不只是体现在资金上，在 CFTC，律师们是说了算的，他们缺乏掌握最新的计算机技能，也缺乏有股市经验的调查员和经济学家。即使是最没有

闪 电 崩 盘
FLASH CRASH

私心的年轻程序员，也很难拒绝华尔街或芝加哥任何一家交易所7万美元的基本工资加上每年数十万美元的年薪收入，尽管没有休息，咖啡也难喝。资源是一个重要的问题。我们正在尝试引入新的技术设备，招聘具有算法交易经验的人员，在交易柜台和对冲基金方面尝试帮助我们，完成我们一直所负责的工作。"夏皮罗老练地克制着情绪说道。

会议大概进行了一个小时，来自罗得岛州、曾是一名军人的参议员杰克·里德将对话从实践转向了哲学上的讨论。"假设拥有股票的大多数人是拥有股票的价值，股票的流动性是其经济价值的直接体现，与债务证书和衍生产品是一样的。我们必须处理的问题之一是，随着这些算法、HFT人员的扩散，其中一些算法没有考虑这个工具的基本原理，经济价值、股息、市政当局发行它们时的情况。他们只是说股票如果可以卖得足够多，那我们就开始销售，而开始销售之后，另一个算法就会启动。在某种程度上，我们离这里的经济价值越来越远，这对经济有好处吗？这可能是一个天真的问题，但我还是会提出来。"

夏皮罗回答："这根本不是天真的问题。这是我们都在设法解决的根本问题。"

"闪电崩盘"事件暴露了监管者的局限性，不仅如此，它还唤醒了更多的人，让人们意识到金融市场的整个结构已经在他们毫不知情的情况下发生了改变。似乎可以想象整个交易大厦都在焦虑当时几分钟内的崩盘，这也引起了人们的思考。参议员们代表美国国民讲话，所有人都在思考一个完全自动的系统会带来怎样的影响，这个系统能决定公司的价值、参与者的存款以及我们所消耗的食物和资源。谁是这种模式转变的赢家和输家？如果滥用该技术会发生什么？

在听证会接近尾声的时候，根斯勒和夏皮罗离开后，参议员就HFT会给市场造成的风险问题询问了一家HFT公司的经营者马诺吉·纳朗。"改动市场需要资金。实际上每个HFT能控制的资金很少，这是完全办不到的。"纳朗说道。当另一位小组成员暗示某些HFT公司可能故意追求操纵市场时，纳朗蔑视道："我不知道目前使用的哪种HFT策略能够破坏市场的稳定。"

这次交流意味着HFT的支持者和反对者之间的分歧越来越大，这种分歧将在未来几年里出现在大学、有线电视新闻工作室、交易大厅和报纸专栏中。HFT的拥护者认为HFT让市场提高了效率，减小了买卖价差，这是一种被广泛接受的现金价值尺度，并且增加市场流动性，使市场参与者能够以稳定、透明的价格快速便捷地进行交易。他们认为HFT的反对者是站在风车上摇摆的顽固保守派。反对者则将HFT描绘成是吸血的水蛭，它们制造虚假需求，给市场带来不稳定因素。到了2011年，辩论不再只是理论上的辩论，世界各国政府首次认真考虑取缔HFT，不仅是稳定性问题，还有公平的问题。一小撮监管不严的公司每年从市场中挖

闪 电 崩 盘
FLASH CRASH

走超过 100 亿美元的资金真的合适吗？如果可以的话，政府应该以什么理由进行干预？在《多德－弗兰克法案》仍在整个系统中艰难前行的同时，各机构在思考是否可以纳入新规则。CFTC 征询了公共意见并邀请了包括交易员、经纪人、交易所高管和教授在内的 24 人前往华盛顿，讨论是否需要加强监管；SEC 对股票市场进行了内部审查，并邀请各位代表提出想法；在德国、意大利和英国也进行了类似的问询。多年来，一直躲在阴影中的 HFT 现在成为人们关注的焦点。

针对 HFT 改革的建议五花八门。其中较具争议性的一项是收取交易税，即"托宾税"，根据交易规模来收取，这样可以让高频交易公司下达和取消如此多的订单变得不经济，或者至少为政府筹集一些额外的资金。另一个是引入"减速带"功能以减慢订单速度，从而消除 HFT 的优势。其他建议包括让 HFT 公司注册编码，对取消过多订单的进行罚款，以及无论市场波动如何，都迫使造市商报价。一位前 CFTC 员工回忆说："我们基本上将其视为公共安全问题。对于汽车，我们有一些对其采取的安全防护措施及限速措施，金融市场里不也应该设置类似的东西吗？"

大多数情况下，HFT 公司及其所经营的交易所辩称这些改革要么没法保证完成，要么可以自主实现。15 家最大的 HFT 公司组成了一个名为"主要交易商集团"的机构，该机构委托教授们撰写论文支持 HFT 的利益，在媒体的狂热氛围里发表演讲，并向包

第 二 幕

||||||||||||

括芝加哥市长拉姆·伊曼纽尔在内的政治同盟捐款。拉姆·伊曼纽尔拜访 CFTC，游说议员反对拟议规则。同时，该组织任命了一位前 CFTC 的经济学家促成这件事，他于 2010 年 11 月在芝加哥邀请该机构的主席根斯勒外出吃牛排，在这种更加非正式场合对其全员施压。至少这一次，根斯勒不是这次饭局上最富有的人。

尽管 HFT 的游说小组很聪明，资金充裕且组织有序，但他们的对手是鱼龙混杂的一群人。在 CFTC 内部，其中一个监管者巴特·奇尔顿，来自民主党，5 次被任命为政治特派员，他推动规则更为严格地施行，并且还上了商业电视，称 HFT 公司是"猎豹"。他穿着牛仔靴，挂着金锁头，让他看上去像是个颇有男子气概的老男人，他在脱口秀节目中对这个话题进行了激烈的辩论，但他只代表了少数派的声音。两位来自新泽西的意大利裔美国经纪人约瑟夫·萨鲁兹卢齐和萨尔·阿努克也应邀参加了各种座谈会，当他们开始讨论监管细节的时候，发现很让人恼火，他们认为整个股市系统很明显地被操纵价格，也在对抗他们的客户，对抗退休金和存款。他们在 2012 年出版了一本名为《华尔街数据大盗：HFT 的罪与罚》的书，首次突出描写了他们在股市中看到的因为 HFT 而存在的不公平现象。

一位笔名叫 R. T. Leuchtkafer（德语为"萤火虫"）的神秘评论员，以一系列对现代市场结构的精准分析和严厉批评引起了业界的关注，就像 300 年前的丹尼尔·笛福一样，他描绘了一幅为

闪 电 崩 盘
FLASH CRASH

少数人的利益而建立系统的画面。他在给 SEC 的一封广为流传的信中写道："毫无疑问，任何人都可以利用 HFT 公司的优势，而很多人没有资格利用，只有拥有资本和监管自由的人付费才能使用这些优势。腐败但受监管的经销商已被太多不负责任和不受监管的公司所取代。你不应低估广大股民对这些公司普遍且合情合理的愤怒。"

抵抗运动中声音最大的成员也许是埃里克·亨德赛，他是一家名为 Nanex 公司的创始人，该公司办公室位于伊利诺伊州温内特卡的一家理发店楼上，他们对海量的交易数据进行了分析和重新打包。亨德赛讨厌 HFT，并在推特上发布了一些图表和视频，以此证明 HFT 的欺诈和其他形式的欺骗行为，因此逐渐获得了一批狂热的追随者。股市崩盘几周后，亨德赛和他的同事们在搜查数据时发现，有些交易所在短时间内间歇性被大量订单轰炸，有时每秒多达 5000 手。这种行为对价格本身影响不大，但暂时减慢了交易所的交易速度，于是 Nanex 得出结论——不道德的参与者充斥着整个系统，他们正在用错误的信号来迷惑竞争对手并取得优势地位。这种现象会以奇怪图表的形式显示出来，Nanex 把它们形容为麦田怪圈并命名为"水晶三角形"和"圣杯"。有趣的是，当 5 月 6 日 E-mini 暴跌时，出现过一次这种现象。Nanex 将这种做法称为"塞单"，并指出这是导致崩盘的主要原因，而且是不言自明的原因。

第二幕

ⅠⅠⅠⅠⅠⅠⅠⅠⅠⅠⅠ

2010 年 7 月，亨德赛受邀前往华盛顿，向来自 CFTC 和 SEC 的成员介绍他的发现，他们礼貌地倾听并提出了问题。但是，当报告发布时，几乎没有提及塞单。在亨德赛的脑海中，原因很明确——粉饰。他说服 Waddell&Reed 将交易记录发给他，并发表了他自己的另一份"闪电崩盘"调查报告，该报告证明了堪萨斯城的基金经理是无辜的，并称其已成为 HFT 行业的替罪羊。他在一篇博文中问道："为什么 SEC 的监管者会否认塞单的存在，而我们的分析是某种阴谋论？也许监管机构不希望承认他们创建的游乐场已被接管，也不想承认他们已经成为推动者的角色。"

随着讨论持续到 2012 年，两个事件将算法交易列为议程。5 月份，由于技术问题，Facebook 期待已久的上市陷入困境。3 个月后，骑士资本集团的软件升级失败，导致当时最大的美国股票中介机构解除了 150 家公司的错误订单。等到骑士资本找到办法处理这个问题时，股市已经损失了 4.6 亿美元，并且在事发前不久很快以其估值的零头出售。但是，经过"闪电崩盘"后，发酵时间越长，人们对其热情的程度就消散得越快。HFT 不断壮大并迁移到新市场，但 2010 年 5 月 6 日的事件并没有重现。正如末世论者所预言的那样，没有多市场的传递崩盘。一位高级政府官员回忆说："关于 HFT 存在很多争议的声音。对于每个人来说，有人会说算法不好，也会有其他人说算法好。我们需要有一定的信念，即我们不仅了解这种现象，而且监管对这种局势反应良好，

闪 电 崩 盘
FLASH CRASH

我们不会仅仅因为一群人抱怨而对某事进行监管。"

对于每一项改革的提议，HFT游说团队都准备提出抗辩：交易税过于繁重，有可能损害美国经济；从技术角度看，减速是不切实际的；迫使上市公司在不稳定的阶段逗留下去只会导致破产；让公司将其秘密交易数据发给监管机构，会构成不合理的安全风险。一些微小的变化在悄然发生着，CME和其他交易所已经追踪到他们客户订单被取消的比例，开始对异常的订单进行更大额度的罚款，但对市场进行更根本性改革的窗口还是关闭的。政府的注意力转移到了日益严重的网络安全威胁上，这些机构又回去完成《多德－弗兰克法案》的相关工作，之前成立的对HFT进行检查的各种委员会已经悄悄解散了。"真的很奇怪，没有人说它完成任务了。我们刚刚才结束碰面。"一位年长的委员会成员回忆道。

在CFTC的4楼，还有一点希望不大的光芒。在"闪电崩盘"的报告发布后，基里连科被提升为首席经济学家，并且在几乎没什么预算可支配的情况下，他专注于招揽顶尖大学的学生来机构工作，到2012年，大约有40名有偿和无偿研究人员致力于了解不断变化的金融格局。参与其中的弗吉尼亚大学博士史蒂夫·扬说："建模和理解金融市场的老方法已经不再起作用，它们无法捕捉到这些全新的高速交易且大容量的市场。基里连科雄心勃勃，希望建立一个研究型企业来解决这个问题。"

基里连科为自己是一位冷静的科学家而自豪，但在金融行业里，"这里没啥好看的"的态度却很难让人接受。公众和新闻界也许无法理解市场微观结构的细节，但他肯定会做到。他致力于研究"闪电崩盘"，结果显示出一些大型的 HFT 公司不只是无私地提供流动性，这是一个错觉。2012 年年底，年轻的哈佛大学博士亚当·克拉克·约瑟夫在 CFTC 已工作了一段时间，他发表了一篇名为《探索性交易》的论文，认为 HFT 公司经常像声呐一样向市场发射小额、亏损的订单，先收集被称为关于市场状况的"私人"信息，当它们知道自己更有可能获利时，下达更大订单。在11 月份，基里连科和两位同事发表了一篇名为《HFT 人员的交易利润》的论文。每次论文的发表，都让 HFT 的帷幕被拉开更多一些。

基里连科等人使用有关 E-mini 的细化数据能够证实 HFT 公司的先驱找到了一种在不承担重大风险的情况下赚取巨额利润的方法。这些教授叫不出名字的精英公司具有极强的抗竞争能力，并从零售和市场参与者中赚取了大部分利润，换句话说，就是从养老金、共同基金和交易员身上赚钱，他们还声称会让事情变得更好。2012 年 12 月 3 日，《纽约时报》刊登了一篇名为《研究表明：高速交易员获利是以牺牲普通投资者的利益为代价》的文章并附上一张照片，照片里的基里连科看起来很严肃。《华尔街日报》发表了自己的报道，它引述了作者的疑问——日益增长的速度和先进复杂技术的军备竞赛是否具有任何社会价值？这是来自政府

闪 电 崩 盘
FLASH CRASH

职员具有煽动性的材料，接下来一周，他们收到来自 CME 律师团队——世达律师事务所发来的一封信，指控 CFTC 违反了数据保密法，并使交易所客户的商业秘密置于危险之中。作为监管机构，CFTC 确实是批准（被授权）进行研究，但 CME 声称授权基里连科这样的外部学者使用敏感数据用在非 CFTC 论文上面，这样的做法太出格了。

在 HFT 游说大军的压力下，根斯勒禁止所有非合同员工访问服务器。两个月后，他以临时合同的理由解雇了 21 名研究型经济学家。一年多来，CFTC 没有委托调查 HFT 或其他任何事情。有几篇论文从未问世。马里兰大学的阿尔伯特·凯尔教授说："这是基础研究，对于公众了解市场的运作方式是必不可少的，但它却遭到了公然镇压。"这次大清洗没有波及基里连科，他早在《泰晤士报》刊登文章后几天就离开了 CFTC，去担任麻省理工学院的教授。后来对 CFTC 处理这件事的调查得出的结论是，尽管"首席经济学家"办公室惹来调查人员和维护数据安全的程序很草率，但实际上从来没有违反保密规则。基里连科的研究人员一直非常谨慎，以确保在他们的工作中识别不到任何公司，而 CME 的指控最后被证实根本毫无依据，来自 HFT 游说大军的强大压力只是为了拉上帷幕。

第 二 幕
||||||||||||

思想犯罪

CFTC 确实对期货市场的监管方式进行了一项重大改革，这项改革既能让 HFT 团体感到满意，也瞄准了在机构里的萨劳们——"幌骗"是犯法的。这项政策的引入，为政府杜绝"幌骗"行为的长期且不幸的记录，画上了一条分界线。

金·杰克·斯特奇斯、库珀先生、少年赌客、亨特兄弟、疯狂哈珀，期货市场的历史里充斥着这些金融海盗的名字，他们通过操纵价格成为新闻人物，并且赚到了很多钱，政府却无能为力。在 19 世纪末期，交易的商品是金子；在 20 世纪 20 年代，交易的是谷物，到了五六十年代，交易的是洋葱、咖啡和大豆。大宗商品市场发生了变化，但是他们的欺骗方法相同。一位财力雄厚的交易员悄悄垄断供应，迫使价格上涨，不道德的做空者散布负面谣言并将价格推低，所谓的竞争对手结成了一次不法的协议。1974 年，在经历了"粮食大劫案"之后，杰拉尔德·福特总统创立了 CFTC，将其作为类似于 SEC 的针对期货的制定监管机构。但是几年后，得克萨斯州的三个兄弟垄断了白银市场，将价格推高了 713%。显然，CFTC 对市场的改变不大。

其中一部分原因可以归结为文化。与股票不同，期货市场几乎完全是由专业人员占据，充斥着"一经出售，概不负责"的气息。

闪 电 崩 盘
FLASH CRASH

对于这种排外氛围，人们会觉得监管并不合时宜，并且交易所至少在名义上带头将所有人控制起来。在石油价格暴涨或小麦价格暴跌之后，政治干预的压力会越来越大，CFTC就会宣布实行调查，但是它处理的大多数案件都是无足轻重的。这个机构成立之初就胆小怕事，资源匮乏，最重要的是受到法律的阻碍。

当国会于1936年通过《商品交易法》时，其中规定了禁止操纵，但操纵包括哪些内容并没有明确。这项任务留给了法院，但法院常常提出不同且互相矛盾的解释。价格浮动多少和浮动多长时间才能构成操纵？是否有必要表明参与者意在影响价格，还是不顾一切让其满足条件？怎样区分作弊与基于供求的合法交易？在一个具有里程碑意义的案例中，涉及印第安纳州农业局这样一个实体，当时确定了一个由四个部分组成的检验步骤，这奠定了一个繁重的工作先例。法院要想认定操纵，检察官必须证明这一方有能力影响价格、他们专门打算影响价格、存在人为操纵的价格和被告的遭遇是他们造成的。事实证明，要达到这个标准几乎不可能，在接下来的40年里，CFTC仅在一个指控为操纵的案件中获胜了。想要证明价格操纵是人为并确定原因是一项需要精准核验且非常棘手的工作，涉及价格复原和统计分析，这种事情很难向陪审团解释，也容易遭到反驳。CFTC在起诉"尝试操纵"且赔偿较少费用的案件中取得了更大的成功，该成功取决于上述提到的四个方面中的前两个。即使这样，说到交易目的时，交易员也可以通常为他们的行为找到一些合理的解释。结果，大多数案件要么以适度的罚款提早解决，要么在进行审判前失败。在一次特别引人注目的失败之后，一群参议员写信给 CFTC 表示这样的尴尬境况。法律历史学家杰里·马克汉姆说："CFTC 的整体目的是制止操纵，但是它没有权势。"一篇文章的作者将商品操纵定性为"不可起诉的犯罪"。

在经过漫长而富有争议的提名程序后，根斯勒在 2009 年被任命为 CFTC 的主席，这位前银行家承诺要填补操纵规则方面的空白，并使 CFTC 的管理体制与 SEC 更加一致。执法部门的成员提出了一种"破坏性交易行为"的名词，定义了他们认为与市场的公平运作背道而驰的一些行为。其中包括俗称的操纵收盘价，即在商品的结算价定为有利于另一头寸的空头窗口内进行大量交易；"幌骗"，被定义为有目的地在订单执行前取消出价。通过将特定行为定性为非法行为，CFTC 希望为检察官提供在审判中获胜的另一种途径，并且在不张扬的情况下，于 2009 年 12 月在《多德-弗兰克法案》草案第 6 页上插入了一项修正案，还对《商品交易法》中现存的操纵条款进行了调整，可以使政府更容易获胜。

最初，行业中很少有人关注这个事情，大约一年后，在华盛顿 CFTC 办公室举行的圆桌讨论会上，包括交易所在内的几方提出了反对意见。他们争辩说期货没有"幌骗"的惯例，CFTC 对于"幌骗"的定义过于模糊，还说全面禁止因不想完成而下达的订单会

闪 电 崩 盘
FLASH CRASH

不经意间妨碍了一些合法行为，例如下达止损订单。

规则制定的插曲之一是行业参与者倾向于反对新规则，无论多合乎情理，但 HFT 团体希望"幌骗"禁令直接撤回。来自纽约哈得孙河贸易公司的亚当·纳尼斯表示，该提议让市场更具流动性、更高效，并允许采取合法的做法避免遭受操纵的风险，这将对最终用户有好处，对涉及的公司也有利。

当你考虑到互联网时代的"幌骗"行为专门针对像他这样的公司时，纳尼斯的回答是有道理的。HFT 公司解析订单簿上的信息，使他们能够预测市场将要移动的方向，然后提前进行交易。如果机器人正在扫描的信号准确地代表了对手的意图，它们的系统才能发挥作用。如果交易员在计划购买时通过在订单簿放置卖单来掩饰他们的计划，或者像萨劳一样，隔着当前价格几个点输入大量订单，那么机器就没那么顺利运行了。HFT 公司认为在公平开放的市场中，参与者有权相信他们所看到的订单是真实的，但不是所有人都同意这种规则。

"监管者的思维方式与交易员的思维方式完全不同。交易员认为交易是一场游戏，许多交易员都有丰富的游戏经验，扑克、西洋双陆棋、电脑游戏等。你采取行动，我会虚张声势并尽力实现自己的想法。监管者突然谈论它，就好像一群绅士要准确地表明他们的意图。"马里兰大学的阿尔伯特·凯尔说道。

与凯尔一样，在进入学术界之前就曾在 CFTC 工作过的马克汉姆认为"幌骗"一直是交易的一部分，与操纵之间存在着决定性的区别。他在反对"幌骗"规则的法律文件中写道："这不是道德问题。交易是一种竞争，而且隐藏实际的交易策略是其中不可或缺的一部分。在美国足球比赛中，隐瞒每场比赛的实际策略对成功至关重要，因此，自由女神像代表并领导着一群鬼鬼祟祟的人。排球比赛中所谓二传手会试图欺骗对手将球打回的位置；棒球投手伪装自己的投球动作企图骗过击球手；曲棍球运动员试图骗过守门员并不断进行假动作。在金融市场上交易，同样是一种竞赛。"

马克汉姆还说："更重要的是，能够在几微秒内就对新信息做出反应的算法世界里，很难看到订单是如何被操纵或证明它是不合法的。"CFTC暂时考虑的一种选择是从流程中消除任何主观性，仅限制参与者可以取消的订单比例，违反临界值的任何人都将受到罚款或者是更严厉的处罚。CFTC的另一个想法是要求所有订单必须在订单簿中停留1分钟才能提走它们。但是，这些方法最终都被认为过于规范而放弃。很多人只好支持法律界所谓的明知故犯——交易员下订单时所经历的想法，可这是一个有争议的步骤。"在此之前，没有法律规定你在交易时不能考虑某些事情，也没有规定必须将订单停留多久，所以，这种行为本身是完全合法的。如果按照交易时的想法来说，整个事情就变成了思想犯罪。"来自 Kobre & Kim 公司的辩护律师及前 DOJ 检察官迈克尔·基姆说道，他之后将继续作为指控萨劳和其他几方"幌骗"的代理律师。

《多德－弗兰克法案》于 2010 年 7 月写入法律后，破坏性交易行为修正案经历了一个完善的过程。CFTC 在 3 年后发布了一份文件，其中包括允许范围和禁止范围的解释性指导。文件指出，"幌骗"包括故意提交和取消订单以给出虚假的市场表现或人为地造成价格波动。该机构表示，为了区分可接受和不可接受的活动，它会将市场环境、个人的交易活动模式以及其他事实和情况列入考虑范围，这让一位评论员的建议得以实现，即"幌骗"就像色情文学一样，让你一看便知道是不是。

人们普遍存在一种误解，尤其是在交易员中，认为 HFT 要为金融市场上大多数"幌骗"行为负责。确实存在一些 HFT 员工和公司因为"幌骗"而受到制裁，但实际上，大多是因为他们被行业前沿的公司看不起而感到生气。对他们来说，"幌骗"是一种障碍，在引入破坏性交易规则之后，Citadel 等公司将继续与监管机构密切合作，鉴别和检举那些公司无法预知的交易且破坏其赚钱机器正常运作的行为。在很多情况下，他们都是政府的见证人。

"想象一下这样的情况，其中最大、最有权的参与者开始告诉监管者和交易所下一个该抓谁，就意味着谁从他们身上赚了钱。欢迎来到期货市场。"

第 二 幕

||||||||||||

改进算法

2011 年 10 月，比起交易市场的规则变革，有一件事更直接地威胁到萨劳的生计问题，就是 MF Global 公司宣布破产，这个公司就是萨劳得以进入市场并为他提供高风险交易机会的公司。这个世界上规模最大、历史最久的期货经纪公司出现问题已经有一段时间了，但很少有人意识到事情已经到了无法挽回的地步。当 MF Global 公司在万圣节前夕申请破产保护时，成千上万的交易员，包括萨劳在内，都无法再进入他们的资金账户，他们都疯狂地开始寻找下家。

经纪人主要通过两种方式赚钱，一种是从客户每笔交易中收取费用，另一种是用于投资客户的账户余款而获得的回报。当金融危机爆发时，由于交易量暴跌以及中央银行将利率降低到最低水平，哪种收入都不存在了。在经历了 3 年的亏损之后，2010 年 3 月，MF Global 董事会任命了一位新的 CEO 来扭转局面，他们选出来的是乔恩·科尔津，华尔街真正的传奇人物，20 世纪 90 年代曾在高盛工作，他利用之前赚取的筹码进入政治领域，首先是担任参议员，然后成为新泽西州的州长。《纽约时报》写道："好像纽约扬基队（美国棒球职业联盟著名球队）的一名经理人正在小型联赛中卷土重来。"

闪 电 崩 盘
FLASH CRASH

64 岁的科尔津精神矍铄，他的职业生涯是从债券交易员开始的，他相信公司问题的解决方法至少在短期内是交易阶段。当时是欧元区危机的中期，意大利、西班牙和葡萄牙等国发行债券的交易价格远远低于其票面价值，这反映出违约率的提高。因为相信当局绝对不会让这种情况发生，科尔津迅速购买了价值 70 亿美元的受损债券，将它们用作复杂的回购交易抵押品，目的是使这种工具远离公司的资产负债表并允许立即申报其预期利润。正是这种跳出常规的做法将科尔津从伊利诺伊州的家庭农场带到了比尔德伯格集团，不幸的是，这一次这位前高中橄榄球的四分卫严重误判了他的传球。随着危机的加剧和国债价值的下跌，回购交易的对手们开始发行所谓追加保证金的通知，迫使 MF Global 交出额外现金以弥补潜在损失。2011 年 10 月，评级机构将公司的信用等级降级为"垃圾"，这引发了银行挤兑事件。客户打电话要求撤回资金，而放款人则关闭信用额度，在最后几个小时，一位中层管理人员为了弥补缺口而动用了隔离的客户资金。这还不足以挽救该公司，在 MF Global 倒闭的几天后，出现了 16 亿美元的亏空，这些钱本应属于 26000 名零售商、农民和不计其数的小型企业。

科尔津在面对这起丑闻中提及自己参与程度的尴尬问题时，萨劳在思考没有长期经纪人的未来该怎么办。财务上，由于有离岸担保安排，这一打击是可以控制的，而且萨劳在 MF Global 保证金账户中只有少量存款，他最终会收回大部分钱。令人担心的是寻找新经纪人。MF Global 的分支机构 GNI Touch 一直在关注萨劳的发展，他们对他的交易风格和头寸规模感到很满意。为了大量的稳定佣金，该公司的经纪人给萨劳开出最好的条件——保持自己的交易方法，即使他的方式引起了不必要的关注。对萨劳来说，能找到这样一个慷慨而顺从的经纪公司是很不容易的。

　　萨劳第一个要面临的问题就是自己。无论以哪种标准衡量，他的交易记录都是一流的，但是很少有清算公司愿意在没有事先见到本人的情况下支持这位拥有数百万英镑的人，而且这位古怪的交易员并不总能给人留下好印象。萨劳致电一家城市经纪公司并要求在非工作时间约见，他出现时穿着运动裤，还带着一个旧的塑料袋，里面装着他的交易报告。"他在办公室大约待了一个小时。他不会和你对视，你必须从他那里挤出信息才行，我当时对他几乎没有任何印象。"曾和萨劳见面的一位高管回忆道。

　　虽然交易员是一群很古怪的人，但意识到能赚钱，该公司向萨劳提供了一份合同。合同条款的吸引力不大，杠杆也低于萨劳的期望。这位高管回忆说："我们谈论过这个问题，并认为他可能会继续赚很多钱；但如果他真的把钱砸到他想要的水平，而市场反弹击中他，可能会把我们也一起淘汰掉。"萨劳拒绝签约，然后走掉了。该公司的老板说："他想得到别人的崇拜，不仅是要冒着巨大的经济风险，而这些都是我们不准备做的。"

闪 电 崩 盘
FLASH CRASH

  萨劳庞大的头寸是另一个问题。后来他对一个朋友说："我试图与罗森塔尔·柯林斯集团达成经纪人的交易。他们问我赚了多少，我说交易好的时候可以一天赚90万美元，他们觉得太疯狂了。"一周后，萨劳向他们发送了交易报告，然后被拒绝了，他们认为只在自己家卧室操作交易的人不可能赚这么多钱。"他们更相信这是一个庞氏骗局，认为我是伯尼·麦道夫！"萨劳回忆说。之后，骑士资本同意接纳他，但公司后来亏损了4.6亿美元，萨劳再次失去了经纪公司。

  萨劳无法进行交易，并且没有其他兴趣，他回到了众所周知的车库，继续在他的交易机器上工作。曾在TT公司工作的哈吉帮助他创建了分层算法，该算法完全按计划工作，将大量卖单推向市场，将价格推低，保持与现行价格的差距，几乎不会被击中，但这是一种不太灵敏的工具。萨劳的竞争对手，大型的HFT公司和像他这样的少数有天赋的手动投机者所用的工具正变得越来越强大和复杂，他的程序还需要改进。在2011年10月的一个星期一晚上，他给芝加哥的软件开发人员发送了一封语音邮件，该软件开发人员专门负责改善TT系统。

  在吉特什·塔卡尔收到萨劳的语音邮件时，他正在全神贯注地阅读哈佛·埃克写的一本书，书名是《成为百万富翁的秘密》，埃克从 个健身用品商店的老板变身为一个激情洋溢的励志演说家。塔卡尔经营自己的事业的同时，他也是自助类图书的忠实读者。

在塔卡尔 13 岁时，他们一家从印度搬到了芝加哥，塔卡尔后来对计算机产生了兴趣，自学编码，在伊利诺伊大学学习计算机工程专业，用课余时间在自己的卧室设计益智游戏。塔卡尔大学毕业后曾在瑞银投资银行工作，他在那里设计了价格选项的应用程序。2001 年，他在一家名为斯塔福德的贸易公司工作，为公司设计了一个系统，可以减少客户下单与交易之间的任何滞后，这是一个非常受欢迎的功能。两年后，他被 TT 公司聘请来管理一个技术部门。下班后，塔卡尔和他的妻子都是"生活艺术"的追随者，这是基于一位名叫拉维·尚卡尔大师的教导而制定的精神课程。夫妻俩会去上冥想和深呼吸的课程，然后参加了"瑜伽节"，清醒的人们会在那里随着印度风格的电子音乐一起跳舞。

2007 年，随着 HFT 行业的大爆发，塔卡尔创立了自己的 Edge 金融技术公司。除了帮助客户最大限度地减少延迟外，Edge 还和老派的交易员一起开发和设计自己的算法，把他们引向自动化交易。他在 CME 附近租了一个办公室，并组建了一个小型研发团队。面向 TT 用户的其他咨询并不多，大多数规模较大的 HFT 公司都是从头开始构建自己的软件系统，而塔卡尔的业务主要是通过前雇主的推荐得来的。"塔卡尔就是那样一个家伙。如果客户想要一点复杂的东西，或者超出我们自己能力范围内的东西，我们就会把这些问题推给他。"一名前 TT 员工说道。

"你好，我收到了你有关 TT 软件的信息，这就是我们的专

闪 电 崩 盘
FLASH CRASH

长所在。我能为你提供什么帮助呢？"塔卡尔在听到语音邮件后于 2011 年 10 月 3 日给萨劳回复了邮件。通过电话交流之后，萨劳向塔卡尔发送了一封电子邮件，其中列出了他希望 Edge 能为他构建的系统功能。具体内容如下：

1. 加入。此功能可以将挂单放在出价或者要价系统里，一旦市场价格变动，这些报价将生效。当我下了 300 手订单，用"加入"按钮设置在 51 美元出价交易，而其现在交易价格为 53 ~ 54 美元。如果 53 美元或 54 美元的出价被交易出去，那么我的 300 手会同时以 51 出价出现。

2. 单边加入。与上面功能相同，但是仅当订单一头的价格变动时才会激活。还是以上面 300 手为例，如果交易了 54 美元的要价且价格变为 54 美元的出价，则下达的 300 手将仅加入 51 美元的出价一边。如果价格仅降低到 51 美元的出价，那么该订单将被自动拉出并且永远不会激活。

3. 订单簿后置。对于上述两种订单类型，我们都需要选择将订单保留在订单簿的后面，通过增加或减少订单来实现这一点。每次在我的加入激活订单里下一个新订单时激活后 1 个批次。这看起来有点奇怪，因为 1 个批次一直在变化，所以我们必须使订单每超过 1 个订单就增加 1 个，比如 20。此值可能会更改。

5. 捕捉。这是一个待定的订单，准备在价格满足条件时立即

第 二 幕

||||||||||||

进行交易。例如，如果现在交易价格为 47 ～ 48 美元，而我想在 49 美元时卖出 300 手，那么我将下一个这种待定的订单。一旦出价达到 49 美元，我的 300 手要售出的订单就会变得活跃起来，而它会隐藏在那一点。至关重要的是要设置另一个功能，用于设定捕捉订单生效时所需的最低出价。

6. 冰冻。与捕捉功能相似，不同之处在于你指示该命令在整个订单完成之前保持出价订单的固定捕捉。此命令必须足够快，才能捕获所有在出价／要价上闪动一毫秒的闪单和骗单。

请尽快回复您对这些功能的想法。我现在决定停止交易，直到拥有此应用程序，我远远落后于竞争对手，所以时间真的至关重要。

纳温德·萨劳

萨劳希望 Edge 为他制作一个可以通过界面来控制的程序，这个界面位于屏幕上的订单簿旁边，它包含一系列按钮，他可以使用鼠标打开和关闭这些按钮。最上面的两个订单类型，"加入"和"单边加入"将用于骗单，萨劳将选择他希望下的订单数量，单击"加入"和"单边加入"，然后在规定级别激活它们。在下一次 E-mini 价格改变之前，它们将一直处于挂单状态，以便在价格变动的混乱中被放入订单簿。为了最大限度地减少订单执行的机会，将为加满的订单添加"订单簿后置"的功能，这是两年前

闪 电 崩 盘
FLASH CRASH

TT 拒绝为萨劳设计的功能。当启用"订单簿后置"功能后，它将自动修改订单，通过在每次新订单到达时轮流添加然后减去 1 手订单来实现，并将其不断发送到队列的后面，就像超市里的顾客离开自己的队伍一样。在极少数情况下，骗单的一部分会被击中，剩余部分会立即被取消。

在骗单发挥作用的同时，萨劳会同时出售 E-mini 订单，从而建立真正的空头头寸。看到所有这些活动，其他参与者也将开始销售，从而推动 E-mini 价格下跌。一旦价格下跌了几个点，萨劳就会秘密使用他称为"捕捉"和"冰冻"的订单类型回购 E-mini，这些订单保持挂单状态，但对于其他市场参与者来说是看不到的，直到需要的订单数量实现时，它们会像毒蛇一样突袭。与以往一样，目标是尽可能少地散发信息。一旦萨劳回购了他出售的相同数量的 E-mini 后，他将取消骗单，然后等上几分钟后，再重新开始交易程序。

随着其他的行业更新换代到全自动化的系统，萨劳选择留在自己的驾驶舱内，自己指挥所有的买卖交易，他只需要一套增强型的武器。当他接触 Edge 时，他的计划得到了更好的发展，他在面对市场现有的机制下没有寻求任何帮助。他只是需要一个人来帮助他实现自己的想法。萨劳在描述他想要的程序功能时所用的表述有些特殊，这是有意义的，他算是一个通过自学获得成功的人，他知道的一切都是坐下来看阶梯图学到的。他没有得到任何在 HFT 公司工作的朋友指导，也没有金融方面的专业知识，他放弃"书呆子"战略并创建了一套自己的系统来击败他们。抛开合法性的问题，这是一项创举。一家 HFT 公司的老板说："我本来会很真心地想雇用他的。"

塔卡尔实施了萨劳的计划，并指示他的开发人员构建出程序的样本模型，2011 年 11 月 11 日，他把程序发给了萨劳，并且将文件命名为"萨劳交易器"。在接下来的两个月中，Edge 对程序做出一些调整，萨劳也进行了实际的测试。到了 2012 年的 1 月下旬，他们已经取得了足够的进展，萨劳也愿意签署合同。塔卡尔最初给萨劳的报价是 12500 美元，并表示"这对我们来说是低于成本的，但我们这样做是希望将这款软件卖给其他客户来赚钱"。又花了一些时间进行调试之后，这款程序终于让萨劳满意。考虑到它可以为萨劳赚多少钱，塔卡尔将费用提高到了 24200 美元，这仍然是一个合理的金额。在程序完成之前，萨劳又提出一个请求。这样一个有争议的程序以他自己的名字命名，让他感到很不舒服，因此他要求塔卡尔将"萨劳交易器"更名为"MASTERCHIEF"，这是热门电子游戏《光环》系列中主角的名字。在游戏中，Master Chief 是一名士兵，他使用最先进的战斗盔甲和复杂的人工智能，带领人类与技术先进的外星种族进行一场史诗般的战斗，并且最终取得了胜利。塔卡尔没有满足他的要求，因此这个程序仍然叫"萨劳交易器"。

闪 电 崩 盘
FLASH CRASH

随着政府对"幌骗"行为的压制，萨劳小心翼翼地从不明确谈论自己将如何使用这个程序，塔卡尔也从来没有问过。程序设计员指出，不要打听客户的交易策略，后来他也告诉调查人员，Edge 开发的所有功能都有潜在的合法用途。他已经准备好应对即将发生的问题。在 2012 年春季，塔卡尔作为期货行业的 24 位专家之一被邀请加入 CFTC 设立的新委员会，他们负责检查监管机构如何更好地理解和监督 HFT。塔卡尔是小组委员会市场微观结构研究小组的一员，其任务是探索自动交易对市场的正面和负面影响，其成员在例行的电话会议和例会中讨论了"幌骗"行为（塔卡尔将在委员会任职两年，在此期间，Edge 继续进行"萨劳交易器"不同版本的迭代升级工作）。

2012 年夏天，萨劳最终找到了一家名为 R.J. 奥布莱恩的经纪公司来取代 MF Global，这是一家扎根爱尔兰的芝加哥独资公司。他的联络人中有一位 42 岁的 MF Global 前雇员詹姆斯·普林斯，住在英国乡村的一栋豪宅中，与 GNI 的经纪人一样，他对客户的策略一点都不好奇。不过，R.J. 奥布莱恩并不准备将萨劳的交易额度提高到 MF Global 的水平。萨劳的头寸规模变少了，用 2 亿美元的骗单去推动市场的激动人心的日子已经过去了，但"萨劳交易器"在交易中带来了更高的准确率和效率，在一定程度上平衡了其损失的火力。几个月后的一天，萨劳利用他的新武器在 1 分多钟里赚了 55000 美元，还有一次，他在 100 秒里赚了 23000

美元。对于 Master Chief 而言，欺诈市场从未如此简单过。

加 西 亚 登 场

　　萨劳可能在赚钱方面具有天生的才能，但他在如何投资和管理金钱方面几乎没有任何经验。萨劳在他的家庭生活和工作之间砌了一堵无法穿透的墙，他的母亲达尔吉特每天早晨去当地的一家药店做收银工作，他的父亲纳查塔尔偶尔步行到医生办公室拿处方，他们并不知道自己的儿子是千万富翁。钱对于萨劳是一个抽象的概念，并且他赚得越多，他越需要向麦金农和杜邦寻求建议。到目前为止，两人已经将自己描述为萨劳的"家族理财室"，提供一站式服务，处理高净值人士各个方面的财务和投资事务。在投资风能交易达成不久后，他们向萨劳介绍了另一个机会，这次涉及一位神秘的墨西哥商人加西亚。

　　杰西·亚历杭德罗·加西亚·阿尔瓦雷斯是 IXE 公司的老板兼 CEO，该公司总部位于苏黎世，公司名字在阿兹特克语中的意思是"一个出面露脸且信守承诺的人"。杜邦于 2011 年的夏天在梅菲尔第一次见到他，当时他正在向一屋子的财务顾问、律师和

闪 电 崩 盘
FLASH CRASH

会计师演讲，而杜邦是台下的一名观众。IXE 在其网站上介绍他们提供一种广泛的咨询业务，从资产管理、法律咨询到超豪华旅行，但是那一天，加西亚在讲述另一个机会。他告诉与会者，他在 5 年前，也就是在 30 岁时移居欧洲，发展家族企业。他说加西亚家族在全球范围内拥有广泛的人脉，并且已经发现了通过提供短期信贷来促进煤炭和食用油等实物商品交易来积累资本的机会。这些机制在某种程度上是不透明的，但是 IXE 可以充当买卖双方之间的经纪人，以收取一定的费用。例如，一家供应商不必等待数月后才能收到运输煤炭的付款，只要能接受加西亚的公司从中扣取一些费用，就可以马上收到回款。IXE 将只与信誉最好的政府和公司打交道，并且通过确保交易双方签署了具有法律约束力的"信用证"，以保证遵守交易条款，从而保护自己。加西亚说 IXE 已经可以赚到高额利润，但是对资本的需求还是很大，因此该公司决定向外部投资者开放机会，这是介绍人该来的地方。

"我们提供可选择的投资工具为投资者带来固定收益，对实体经济投资的优势显而易见，投资者从零投机和零波动的实际交易中获得固定收益。"加西亚解释时的口音很重，其他人竭尽全力才能明白他在说什么。

加西亚看起来并不严肃，有点矮，一直眨着乌黑发亮的眼睛，说话时嘴巴向下弯，像个腹语表演者，从头到尾都用一种声调进行自己的演讲。奇怪的是，在会议上，他与一对穿着得体的英国

第 二 幕

||||||||||||

夫妇坐在一起，这对夫妇大概 60 多岁，名叫克里斯·萨维奇和琳恩·亚当森。尽管刚刚与加西亚见面，但他们已经同意成为 IXE 的英国代理商。由于加西亚的英语不是太好，所以他们很兴奋地帮忙写了 IXE 公司的营销文件。

加西亚也许有些结巴，但不可否认的是他演讲的内容很有吸引力。IXE 向参与者（避开了投资者一词）提供了最低预付押金为 100 万美元，并保证每年有 8% 的回报率。这笔钱将存放在他们的瑞士银行个人账户中，并且只有在他们签字后才能使用。由于现金将仅在预先约定的交易中用作后备方案，因此永远不会真正面临风险。像麦金农和杜邦这样的介绍人，每年将获得他们客户投资的所有项目的 4.5% 的丰厚收益。当被问及 IXE 的背景时，加西亚告诉与会者，IXE 是一家市值 3000 亿美元、总部位于迪拜的"ETA Star"公司的"姊妹公司"，受瑞士金融监管机构 FINMA 的监管。

从法律上讲，麦金农和杜邦没有资质向客户提供财务建议，但是在随后的几周中，他们循序渐进地向萨劳推销 IXE 的投资机会，并在 2012 年 7 月陪同萨劳到苏黎世亲自与加西亚会面。自从小时候拜访过印度的亲戚之后，这是萨劳首次出国旅行。当杜邦开着阿斯顿·马丁在去往希思罗机场的路上接他时，萨劳要求他不要停在附近的街上，以防有人看见，但萨劳的心里却是高兴的。他们在瑞士的向导是萨维奇，他在苏黎世机场与他们会面，然后

闪 电 崩 盘
FLASH CRASH

开车将他们送到一个住宅区街道边上的不起眼建筑前，他们惊讶地发现这是 Hinduja 银行的所在地。在获得银行一位董事关于萨劳的资金在没得到萨劳许可的情况下不得使用的书面确认之后，一行人前往镇中心的 IXE 总部参观。

IXE 的办公室很小，但装饰得很雅致，墙壁是木质的嵌板，门也足够厚重，是可以当银行金库的门，整体上营造出一种剧院的感觉。在能够俯瞰利马特河的会议室中，加西亚又一次与萨劳谈到"实物商品参股"的机会。这次会议的进展有些艰难，因为加西亚蹩脚的口音与萨劳的郊区英语正好碰上了，但萨劳对这个概念充满热情，并对所提供的回报感到兴奋。之后，他们在河边吃午餐，加西亚和萨劳达成了一致，麦金农和杜邦冻得瑟瑟发抖，而萨维奇的西服却已经湿透了。等到结账的时候，萨劳已经下定决心加入这次投资。

大约在同样的时间里，这项交易被伦敦的一个发展项目威胁并干扰到了，加西亚在梅菲尔展示会中的介绍人之一说服一家主权财富基金向该合资企业投资数亿英镑。在签订合同之前，该基金已经聘请了一名企业调查员进行一些调查，基于发现的事实，该基金决定退出。调查人员发现 2010 年在佛罗里达州提起的法律诉讼中，加西亚和 IXE 被蒙古国中央银行指控参与了一项精心策划的阴谋，涉嫌敲诈 2000 万美元。所谓的骗局是基于"信用证"的，是佛罗里达本地人伯顿·格林伯格的主意，他后来将为不相干的欺诈行为服刑 8 年。

当加西亚发现这位介绍人正在散布有关他的潜在破坏性信息时，他指示律师反证，极力否认指控，并指出他和 IXE 都不是该案的被告。不同于麦金农和杜邦，从来没有人告诉过萨劳关于蒙古国中央银行诉讼的事，在与加西亚协商将他的年利息提高到 9% 之后，他签署了从他的离岸公司向 Hinduja 银行以他名字开设的新账户转账 1700 万美元的协议。仅凭复利一项的能力，他的资金在 8 年里就能翻一番，这让萨劳兴奋不已，他建议将 Cranwood 账户的 1500 万美元也转移到 Hinduja 银行，以便在需要之时可以产生一些更可观的回报。

IXE 给麦金农和杜邦造成了一些困扰。多亏了萨劳的开户存款，他们现在每年可以收到剩余 50 万美元的佣金，而且他们不必做任何事情。私下里，他们对加西亚和他周围的人有所保留，但他们还是由萨劳决定钱该怎么用，Cranwood 是另一回事。作为苏格兰风能公司的董事，他们的许多日常开支都由曼岛实体承担，如果公司负责人马丁·戴维做到了他所承诺的一半，那他们就会变得非常富有，保留那份资本是至关重要的。另一方面，Hinduja 银行似乎是一个受人尊敬的独立实体，如果他们确实将额外的 1500 万美元存入 IXE，那么他俩每年将额外获得 45 万英镑的佣金。最终，他们同意将 Cranwood 的资金转入 Hinduja 银行的第二个账户，该账户将根据需要按季度分期从中拨出苏格兰风能的成本费用。

闪 电 崩 盘
FLASH CRASH

　　萨劳首次存款后不久，西方政府宣布对伊朗实施制裁，IXE
致信投资者们，告诉他们需要将资金从与伊朗有联系的Hinduja
银行转移到摩根士丹利，IXE在那里也有一个账户。这是不受欢
迎的事态发展，但是IXE提供了书面保证，即未经账户持有人批准，
无法进入账户。在摩根士丹利的参与以及安抚下，萨劳同意了本
次资金转移。

　　到第二年夏天，萨劳又在他的IXE账户中存了两笔钱，他的
总投资达到了5000万美元左右。就像乔治·艾略特塑造的角色塞
拉斯·马尼尔储存他的金币一样，萨劳看着他的银行账户中的数
字在增长，却从未给自己或家人提取过一分钱。他喜欢自吹自擂
地说他可以用自己的利息每分钟买一份巨无霸汉堡。同时，萨劳
周围的人享受着他们的成功所带来的好处。麦金农和杜邦现在仅
从IXE那里每年就能获得约60万美元的佣金，他们从梅菲尔的
郊区搬到了中心地区的伯克利广场，在一幢豪华的联排别墅中租
用一间办公室，墙上挂着苏格兰的巨幅地图和古董步枪。不工作
的时候，麦金农改建了自己的农舍，那里有一个网球场、一个游
泳池和一个酒窖。杜邦在乡下买了一套雅致的公寓和一辆最新款
的法拉利。每个季度，钱都是通过由亚当森和萨维奇夫妇二人组
建的一家公司转来的，他们在经历了一辈子的失败投资之后，终
于发了大财。

　　与此同时，在苏黎世，加西亚这颗巨星正在冉冉升起。在承

第 二 幕

||||||||||||

诺筹措大量资金后，加西亚应邀加入了慈善团体罗伯特·肯尼迪人权组织瑞士分部的董事会，在那里，他与该市的商界精英们时常聚在一起。这位年轻的企业家总是引人注目，有时开着一辆抢眼的宝马电动跑车或者玛莎拉蒂，和他的俄罗斯妻子叶卡捷琳娜在城里兜风。2013 年 11 月，著名的《星期日日报》刊登了对他的报道。"瑞士最重要的农场主在城里有一份工作，杰西·亚历杭德罗·加西亚·阿尔瓦雷斯在苏黎世中心，在能看到火车站的办公室里完成日常工作。他 30 多岁，身着深色西装，在很多方面与通常的专业人士有所不同。虽然瑞士的农场平均面积为 22.8 公顷，但加西亚先生以及他的家族拥有 5 万多公顷的土地，还有 6 万头牛在这片土地上吃草。"

在一年的时间里，IXE 显然已经从一个咨询和贸易业务公司发展成为拥有土豆、鳄梨和牲畜等资产的强大农业组织，并拥有包括沃尔玛在内的大客户。这篇文章和附带的照片给加西亚添上了神话般的光芒，一个伟大的拉丁美洲王朝先驱的年轻继承人，由于不断地受到绑架的威胁而被迫离开墨西哥，现在发愤图强建立了一个帝国，让庇佑他的祖先感到骄傲。考虑到这一转变，该公司的网站进行了全面调整，为富人提供咨询服务的说法已经一去不复返了，IXE 现在将自己描述为"世界各地的公司围绕着我们在农业、商品贸易和风险投资方面的核心竞争力而聚集在一起"。

加西亚以新获得的身份受邀参加半岛电视台、CNBC 和彭博

电视台的访问，在这些地方他单调地讨论了从食品标准到藜麦奇
迹，再到他最近痴迷的玻利维亚锂元素，他将其称为"人造白金"。
IXE 没有公布任何财务账目，但据一家出版社估计，加西亚的身
价为 2.8 亿美元，将他牢牢锁定在该国 300 名最富有的人之一。
加西亚在接受采访时说："我们先辈的生意和交易是基于握手的，
IXE 继续保有这种精神。我们的业务关系建立在信任的基础上，
这仍然很重要。"

X 先生

参与纳温德·萨劳最终追捕行动的成员来自 CFTC、FBI、伦
敦警察厅和 DOJ 等机构，但调查始于一个与政府无关的人。和萨
劳一样，他也是一名交易员，在芝加哥一家小型交易所里谋生。
2012 年，他偶然利用"闪电崩盘"当天的数据回测了他的系统，
当时他发现了全世界都错过的一些东西。他的身份从未公开过，
我们称他为 X 先生。

X 先生比萨劳年长几岁，他的职业生涯始于一家交易所，他
是初次涉足电子交易的那批人之一。他在很长时间里一直处于最

第 二 幕

||||||||||||

低的梯队，需要很努力才能支付起租金，他也考虑过是否要把自己喜欢的设计工作当成自己的事业。赚钱从来都不是他首要考虑的事情，但是他擅长使用计算机，随着时间的流逝，他被卷入交易当中。他说："我喜欢解决问题，我把市场当作一个谜题来研究。"他后来自立门户，在不同的公司租办公桌，然后与他遇到的几个交易员和程序员组建了自己的公司。最初，X先生是像萨劳一样的交易员，他用鼠标和键盘下达所有订单，但随着算法的激增，他意识到自己需要适应这种改变。他被推荐与来自欧洲的程序员合作开发自己的算法，起初是为了减少键盘输入的基础算法，然后充分利用他观察到的模式进行更复杂的迭代。他说："我现在将其描述为'灰盒子'，虽然很多功能实现了自动化，但仍然需要手动输入和互动。"

X先生说话的语速很快，似乎担心自己停下来就再也没有机会讲话了。他将自己形容为做市商，使用一种老套的策略，包括不断在市场两边发布订单并利用买卖差价来赚钱。他相信通过提供流动性，他将为更广泛的金融生态系统提供服务并获得体面的生活。做市的核心很简单，比如你发布一个出价，以1美元的价格购买一个E-mini，然后以1.02美元的要价出售一个E-mini，然后当两个订单价格都增加时，你就赚了2美分，每天做几十万次，你就有生意了。但是市场变动很快，提供双向价格很有风险。无论市场状况如何，始终保持稳定不断的利润是一项专业和复杂的

闪 电 崩 盘
FLASH CRASH

工作。为了获得最大的回报，X先生要求他的程序员开发一个程序，该程序可以根据参与者交易时留下的足迹来帮助他识别竞争对手。订单簿充满了潜在的线索：订单的大小、它们离开了多长时间、与当前价格的距离等。X先生利用他的设计背景创建了一些工具，他可以使用颜色编码、信号闪烁和图表等方式更清晰地呈现市场中发生的事情。他解释说："你正在尝试弄清是哪种力量推动市场，并希望能对别人的策略有所了解。这可能很困难并具有投机性，但有时会出现模式。"

2012年8月，在热浪的尾声中，X先生和他的开发人员正在更新检测软件，以便加入一些新功能。他们毫不犹豫地决定把最近市场上最重大的一天（即2010年5月6日）当作测试样本。与所在行业的其他所有人一样，X先生对"闪电崩盘"非常感兴趣。市场下跌时，尽管他没有任何损失就逃脱了，但他对这个系统的不稳定仍然感到不安。在接下来的几个月中，他反复阅读CFTC和SEC联合发布的报告，他熟悉基里连科的工作。他有一些自己的理论，但还是决定以崩盘当天的数据为基础运行软件，然后得到了令人意外的结果。

结果出来之后，有两个地方震惊了X先生：一个是当天E-mini订单簿中的买卖订单之间存在明显的失衡，即使将所有负面的经济因素都考虑在内仍然显得异常；另一个就是推动订单失衡的一大块卖单，从芝加哥时间上午9点20分开始出现在订单簿最低报价之上的 3 个等级位置，与价格下降的 E-mini 订单保持同步。在最初的几个小时里，大块订单每次出现几分钟，然后又消失了，但是从上午 11 点到下午 1 点 40 分（市场崩溃的前 1 分钟），它们就像一堵墙一样停在那里。

政府对崩盘原因的调查已经过去了两年，X 先生看着"幌骗"已上升到集体意识的前沿。他曾看到纽约经纪公司 Trillium 的 9 名股票交易员及其老板如何系统、分层次地制造虚假市场而被罚款 230 万美元。一方面，交易论坛忽然间充斥着关于欺诈占主导地位的抱怨；另一方面，有很多关于新制度下什么允许和什么不允许的焦躁讨论。X 先生检测了 2010 年 5 月 6 日以来的 E-mini 数据，他明确地说："我敢立马确定我所发现的是大规模的操纵行为。"

X 先生一遍又一遍地检查数据，并抽出时间与他的同事就能想到的其他可能性进行了讨论,不过最后得出的结论是除了"幌骗"之外没有别的可能。让他确信这是"幌骗"行为的其中一个因素是卖方订单在新信息进入市场时的反应方式，许多合法的策略涉及以多种价格级别的订单加载到订单簿中，然后将其取消并频繁重新发布，目的是提高到达队列前面的概率，这种算法则相反。每次价格变动时，订单都会移至队尾，从而大大降低了被击中的机会。X 先生说："如果这是一个有效的策略，那么参与者早就会立即检查设计，因为他没有得到任何填充。"X 先生在接下来

闪 电 崩 盘
FLASH CRASH

的几天里处于困惑状态。难道金融市场历史上当日内最大的崩盘真的有可能是单个实体的操纵所致吗？如果是这样，为什么没有其他人注意到它呢？

X 先生回到 CFTC 和 SEC 的调查结果中并逐行阅读。该报告的初版指出："欧洲中部时间下午1点30分左右，在标普500 E-mini 期货市场中的电子限价订单簿中明显表现出买卖订单不平衡。在价格下降的背景下，尽管交易量增加，但这种失衡似乎导致流动性突然错位。"在这之后，这些机构已经鉴别出大量的剩余卖单，但似乎没有追究背后是谁在操纵，转而专注于完成的交易，把注意力放到了 Waddell&Reed。X 先生委婉地说道："不幸的是，监管机构没有使用更广泛的数据集。"

CME 的失败令他更加费解，CME 在 2011 年的 20 亿美元利润本可以为 CFTC 提供资金来研究当前市场的状况，但 CME 并没有。X 先生说："不能仅仅因为市场很大，这种行为就能逃脱掉交易所的监督。"

X 先生考虑下一步行动时，他记起斯科特·帕特森和詹妮·施特拉斯伯格近期在《华尔街日报》上发表的名为《对于超高速股票交易员，一种跳到队前的方法》的文章，讲述了海姆·博德克的故事。博德克是一家电子贸易公司的创始人，现年41岁，他无意间发现了交易所与 HFT 客户之间串通的证据。2009 年 12 月，博德克参加了一个在酒吧里举行的业内聚会，当时他正向一家新兴股票交易所 Direct Edge 的高管抱怨最近利润下降，这名高管迅速诊断出问题所在——博德克仍在使用标准限价单进行交易，而不是和其他人同样使用一种最新的订单类型，这种订单是应 HFT 的要求秘密创建的。高管解释说这是一种称为"隐藏不滑动"的特别订单类型，该类型允许用户隐瞒其出价和要价，直到他们完成订单才出现，并且在特定情况下跳到队列的最前面，这也是许多 HFT 策略的必杀技。博德克被惊得目瞪口呆，他在餐巾纸上草草写下了"HIDE NOT SLIDE"（隐藏不滑动），然后离开了聚会。几天后，他在一封后续电子邮件中写道："老兄，我觉得自己是个白痴。"

　　博德克不是白痴。他是电子交易界的神童，他的父亲是著名的物理学家，他在 20 多岁时曾在名为 Hull Trading 的公司工作，该公司被高盛以 5 亿美元的价格收购。博德克曾在高盛和瑞银集团担任高级职位，在达到华尔街图腾柱顶端之前，于 2007 年辞职并成立了自己的公司 Trading Machines。他以了解市场内部运作的规律为荣，然而他给合适的人买了一杯酒才偶然发现最新的订单类型，其他人有什么希望知道呢？博德克开始使用"隐藏不滑动"订单，虽然利润有所提高，但他仍然心有不安。首先，交易吸引他的部分原因是其进化论的本质。当然，总有些参与者比其他参与者可以更快或更好地了解情况，但没有什么可以阻止人们对更好技术的投资。通过开发增强功能，然后仅让一小部分客户秘密

闪 电 崩 盘
FLASH CRASH

参与，这些客户的交易量最高，产生的佣金最多，其高管就是委员会的成员，交易所一直在暗中布局。这就好像他们已经为计算机游戏创建了作弊代码，但只将其传给他们的朋友。

博德克本可以将代码留给自己使用，但他选择将他的发现告诉 SEC，SEC 随后对此进行了调查。吹哨人可能是拿自己的事业冒险，但博德克认为，如果没有人挺身而出，就不会有任何改变。期刊文章附的照片里，博德克凝视着相机，双手紧紧握在剑柄上，阳光照在他的秃头上。尽管向当局报告是一个勇敢的举动，但博德克的动机并没有那么无私。几个月前，作为《多德－弗兰克法案》的一部分，政府推出了一项新的举报程序，该程序对任何提供独家信息并成功实施执法查处的人提供现金奖励。博德克放弃了匿名权，他现在可以得到 SEC 收取罚款的 10% ~ 30%。

博德克的律师肖恩·史蒂文森来自本部位于西雅图的哈根斯·伯曼·索波尔夏皮罗公司。X 先生意识到这是一个机会，给这位律师打了电话。史蒂文森是一位雄心勃勃且具有理想主义的年轻律师，他在拖车公园里长大，并在耶鲁法学院成立了一个工人权益组织，然后才到梦寐以求的纽约南区工作。他巧舌如簧，剃了光头，留着山羊胡子，他本可以进入任何一家有名气的律师事务所，但他却选择回到他的家乡华盛顿。他说："任何认识我的人都知道那个世界不属于我，我在太平洋西北地区长大，我很喜欢这里。从我的办公室望去，可以看到三片水域和有积雪覆盖

第 二 幕

||||||||||||

的山峰。我永远不会成为一名企业律师。"

史蒂文森曾担任了几年的州检察官，在他要离开加入哈根斯·伯曼公司担任原告律师之前，他的新工作很大一部分是帮助个人和团体根据《虚假索偿法》采取行动，这项立法允许公众检举那些欺骗政府的实体企业并会获得相应的奖金。因此，当SEC和CFTC的举报程序使用相同的表达起草时，他将自己定位为新兴领域的必选律师，博德克是他第一个关于《多德－弗兰克法案》的客户。他说："我和海姆实际上是因为共同的爱好而结盟的，朋克、重金属以及硬核音乐，特别是1984年到1989年一起观看乐队演出，金属乐队、杀手乐队、炭疽乐队，我们俩都曾在朋克乐队里演出过。如果我们不谈论案件，我们就会讨论一些新维京金属乐队。"

当X先生打电话给史蒂文森并说自己发现了E-mini在"闪电崩盘"当天被操纵的证据时，这位律师对此表示怀疑，而且史蒂文森收到50个咨询可能才会受理其中一个。他笑着说："你不知道我听到过多少次'标普500指数被操纵了'。"另一方面，大多数举报人都有某种内部信息，他们可能是内部员工或者合约商，亲眼看见了不法行为的发生。X先生做的事更加引人注目，如果他说的都是真的，那么他已经从市场历史中最需要细致研究的一天中公开获取了可用数据，并且发现了其他人都忽略的东西，他倒不如称自己在约翰·肯尼迪被暗杀的镜头中发现了趴在长满青草的小丘上的第二个枪手。然而，关于 X 先生的其他事情都激发了人们的信心，他拥有 20 年的交易经验，技术是他的专长，讲话的逻辑也很严谨。当 X 先生带史蒂文森重新推演，将数据分解成图表、图像和慢放视频时，律师接受了这个事实。他说："当你看到它以那种复杂程度的形式呈现时，确实没有其他解释可言。"

在史蒂文森的帮助下，X 先生填写了 CFTC 的举报文件，并在 2012 年 11 月连同一些支持数据发都发给了华盛顿。当他等待回音时猜测着这个神秘实体可能是谁，如果发现是高盛或 Citadel 造成了"闪电崩盘"，那将会引起多大的争议？他说："这让我想得入迷。根据数据推测，我猜想这必定是一家大型期货交易公司的杰作，也许有一个内部清算部门将它在当局面前包庇起来。这种如此大规模和大胆的行为让我不敢想象这是个人所为，但事实证明，我错了。"

罪魁祸首

CFTC 的调查部门由收集证据和处理案件的检察官以及来自金融行业的专业人员组成。在过去，那些来自法学院的律师主导

第 二 幕

||||||||||||

着这里，但随着市场的复杂程度不停变化，他们越来越依靠数据分析来解读市场。

X 先生的举报文件是几个月前到达 CFTC 的，负责人将这个任务交给了堪萨斯的一个小型办公室，很巧的是，这个办公室正好步行就能到 Waddell&Reed 总部。那里的调查是由中西部律师团队乔·麦登伯格、珍妮·查宾和高级检察官查尔斯·马尔维娜推进的，他们在过去几年中以破获一系列小型的庞氏骗局和识破专职诈骗犯的身份脱颖而出。他们是经验丰富的检察官，但是对电子交易这个领域了解不多，而且自从最初的举报之后，案情变得越来越复杂。在几周内，X 先生传送了第二批数据，将这个身份不明的交易员与 2010 年 5 月 6 日前后的可疑事件联系在一起。在那之后，他又提出证据证明：这个实体是手动一次性下达并取消 287 手和 189 手订单来扩大订单簿的分层。

CFTC 的工作分为三个方面，包括证实 X 先生的发现、确定是否犯下罪行，以及在法庭上是否可以站得住脚。马尔维娜和其他律师确信他们可以处理第二部分和第三部分，但第一部分更具挑战性。X 先生的资料看起来很有说服力，但独立核实这些指控比听起来要难得多。在 HFT 的时代，每天下达、修改和取消的订单就有数十亿个，单单只是重建 E-mini 订单簿一项，也是该机构从未尝试过的规模。

2013 年年初，33 岁的调查员杰西卡·哈里斯在华盛顿一间

闪 电 崩 盘
FLASH CRASH

昏暗、狭小的办公室里正猛敲代码，桌上摆着她的滑冰鞋，膝盖上放着键盘，她接到了一通电话，她被选中参与职业生涯中最大的一起案件。

堪萨斯的律师和检察官们需要一位精通数据处理的调查员，当他们听说哈里斯之后，就将她选入了团队。自 2009 年加入CFTC 以来，哈里斯竭尽全力跟上不断发展的市场。她曾处理过第一批"幌骗"案中的其中一个案件，将小麦交易员埃里克·蒙卡达操纵的交易拼凑在一起，然后整理出一个 1000 万列的 Excel表格，让她的电脑运行如龟速。部门之后投资了一个名为 SAS 的新程序,该程序可以更有效地存储、查询大量数据并将数据可视化,哈里斯是最早一批使用该程序的人。她非常喜欢这个领域，因此报名参加了弗吉尼亚大学的系统工程硕士快通课，她现在晚上和周末时间都用来上关于科学编程、线性代数和统计学的预科课程。

"说实话，CFTC 的培训非常少，部门里很少有人具有高级统计的经验，也很少有人真正了解如何获取数据源并进行分析。如果没有正确的基础，就很难完成这项工作，所以我自己去解决。"哈里斯说道。此前，基里连科和他的"首席经济学家"办公室的学者们可以提供一些技术帮助，但是数据泄露的投诉风波之后，这个部门已经基本处于解散状态了。

哈里斯在密歇根州长大，她总是会问很多问题。她的父亲查尔斯是有着威尔士血统的前海军军官，后来在罗穆卢斯的通用汽车工厂工作。她的母亲古尔达是一名护士，后来成为一家餐饮企业的老板，出生在海地。

哈里斯在西密歇根大学学习工商管理专业，之后在芝加哥MF Global公司担任商品经纪人助理。这是她第一次接触交易世界，市场的节奏带给她很多刺激，但她的工作本身谈不上一点乐趣。因此，当她读到美国期货协会（National Futures Association，简称NFA）的招聘消息时，她决定去申请职位。NFA类似于一个监管机构，负责监督期货经纪行和贸易公司，调查那些还不算严重的或尚未提交给CFTC的轻罪行为。哈里斯感觉自己就应该在那里，她从审计员迅速地升为调查员，之后又升为高级调查员，然后是主管。她走进公司，在与比她年龄大两倍的公司董事身边坐下来，向他们提出要求。"她不能仅仅用好来形容，她是一流的。真的，她是我见过的最有决心的人之一，彻彻底底的斗牛犬。"现任NFA首席运营官的丹·德里斯·科尔这样评价哈里斯。2009年，哈里斯正在处理的一个欺诈案，需要与CFTC联络，案件结束时，CFTC的经理问她是否有兴趣加入他们。"这就是真实的灰姑娘的故事，对吧？"杰西卡·哈里斯笑道。

哈里斯办公室的东西不多，但功能性都很强。几块白色书写板上潦草地写着各种公式和图表，一些大摞的文件，门把手上挂着自行车头盔。办公室外面很吵，但哈里斯多数都是独自一人处理工作，盯着屏幕，沉浸在数据中。每隔一会儿，就有同事突然

闪 电 崩 盘
FLASH CRASH

从门外伸头来问个问题或打个招呼。哈里斯说："说实在的，这不如在妈妈的地下室里穿着运动裤、喝着私酿的威士忌来得舒坦。"接到调查萨劳的案件之后，哈里斯的首要任务是从各种来源的资料中提取交易数据。按照以往的经验，CFTC 处理案件的第一个着手点是交易捕获报告（Trade Capture Report，简称 TCR），其中列出了每个已完成或部分完成的交易。基里连科和他的同事们在"闪电崩盘"发生后的几天里，依靠 TCR 来识别 Waddell&Reed 的违规算法并将其当成与 SEC 联合报告的基础，但在现代交易中，更多的是涉及已取消的订单，几乎和完成的订单一样多。为了隔绝欺诈订单，哈里斯不得不使用 CME 提供的另外两个数据集 Rapid 和 Armada。Rapid 输入实体下达的每笔订单，无论订单是否已履行、部分履行、修改或取消，这使哈里斯和她的同事们可以查看其目标活动的所有复杂性；Armada 让她能够重建订单簿，在最高买价之上的 9 个级别和之下的 9 个级别，并在任何规定的时刻提供报价，以帮助她根据周围即将发生的情况安排交易员的行动。

　　CME 并未按名称识别交易员，而是为每个实体分配了一个 ID 码，并且在调查的最初几周内，目标仅知道叫 NAVSAR。根据订单的大小和活动的范围，推测他们是否在与大型 HFT 公司或华尔街银行级别的交易员打交道。他们可以看到这位参与者通过 MF Global 进行交易，在正常情况下，他们可以从经纪人那里快速获

第 二 幕

||||||||||||

得该实体的详细信息。但是，由于 MF Global 履行破产程序，他们能做的只是写信给公司资产清算人，然后等待消息。与此同时，哈里斯仍然在处理数据。

NAVSAR 在 E-mini 中的活动与欺诈的步骤相吻合，但是许多交易策略涉及跨市场下单，并且这种 E-mini 交易完全有可能是她所不知道的某些交叉资产方法的一部分。当她确定自己的目标通常只在 E-mini 中活动时，哈里斯迅速将这种因素排除在外。接下来，她汇总了一系列订单的分配状况，以便确定该实体与市场中其他人不同的交易方式。她解释说："你想找出来什么样的是正常操作。E-mini 的平均交易规模是多少？取消订单的比例是多少？订单通常在订单簿中放置多长时间？什么是异常值？NAVSAR 可能一直在试图操纵市场，但如果其他人都在做同样或者更糟的事，那就很难证明起诉该案的合理性。"

无论以哪种标准衡量，NAVSAR 都是那个异常值。在这 12 天里，CFTC 选择在结束调查时说明 NAVSAR 的活动，其算法中取消或修改了超过 18 万次订单，相当于进行了 35 万亿美元的交易，是美国国内产品总值的 2 倍，并且在连续的 8 天里，没有一个订单被击中。订单的头寸也很大，平均 504 张合约，而整个市场的平均数量才 7 张。崩盘当日，分层算法约占全球第二大期货市场 E-mini 中所有已取消交易的 1/3。X 先生说："毫无疑问，我们正在看着的是曾经交易量最大的欺诈犯。"

闪　电　崩　盘
FLASH CRASH

　　2013 年 3 月，哈里斯的团队收到了 MF Global 托管人发来的文件。文件显示 NAVSAR 代表一家名为纳温德·萨劳期货有限公司的实体，是一家英国公司，只有一名董事。CFTC 的团队中没有人听说过这家公司，直到在谷歌地图上查找这家公司的地址时，大家不禁大吃一惊。作为世界上五大标普交易商之一，他真的是在郊区的半独立式住宅里操作的吗？

　　当哈里斯正忙于处理数据时，芝加哥的律师开始拜访萨劳的经纪人和整个市场的其他人，关于这个交易员个性的核心特征逐渐浮出水面。一位经纪人透露了萨劳在前往办公室途中迷路的情况，他需要通过电话一步步地导航；其他人则描述了另一种凶恶的场景，CME 的一名严苛的监察员讲述了这样一个故事，那就是萨劳如何威胁要飞往美国，如果没有解决他正在遭遇的问题，他就会割掉对方的拇指。哈里斯和她的同事们无法判断，他们是在与《阿甘正传》还是盖·里奇导演的电影中的角色打交道。

　　随着案件不断进展，团队遇到了另一个障碍，这次是内部的问题。监督这个案件的最终责任在于一名经理，他一直在该部门工作，因为交易仍在交易场内进行。他从未相信过这个案子的具体情况，在紧张的会议中，他对萨劳可能对市场产生如此大的影响的观点嗤之以鼻。表面上，辩论主要集中在技术性细节上，证明注入所谓的虚假流动性确实可以推动市场。但是围绕萨劳的所有对话都隐含了一个问题——CFTC 早在 3 年前就发布过一个报告，内容甚至没提到"幌骗"是作为市场崩盘的一个因素，现在得到了"幌骗"推动了"闪电崩盘"的结论，CFTC 回过头来会怎么看待这件事呢？

到 2013 年秋天，该团队已经验证了 X 先生提供的大部分证据并且锁定了萨劳，也搜集了他和其他人一些资料，包括他从 CME 收到的关于上市前交易的警告。这是一个充满希望的结果，但他们知道，仅仅依靠这些还不足以给他定罪。"幌骗"是一种新的犯罪形式，完全没有经过法庭测试，想要以操纵市场的标准来证明萨劳有罪并不容易。案件的有些方面也让他们暂时停了下来，他们所看到的这些行为不是偶尔一次，而是反复出现的，为什么 CME 的监管人员没有采取任何实质性行动？ MF Global 怎么会允许交易员在他的卧室里进行如此疯狂的高风险交易？

与刑事当局不同，CFTC 无权对非美国籍的公民萨劳进行传唤或搜查。面对僵局，他们决定穿越空间距离，与他们的目标取得联系。哈里斯和其中一位律师起草了一封信，其中包含了很多开放性问题，希望在不惊动萨劳的情况下获取更多的信息。比如，和我们谈谈你的交易生涯？你用什么软件交易？你的策略是什么？

温和的言语下暗示着一个明确的信息——我们找到你了。

向 CME 宣战

　　萨劳收到CFTC来信的第一感觉就是忽略它。每隔一段时间，他就会收到某一家交易所的来信，询问他的交易行为，他从来都不理会，对监管机构的任何接触都不屑一顾。几周前，R.J. 奥布莱恩向他转发了CFTC名为《关于破坏性交易的解释性指导》的文件，其中详细说明了"幌骗"规则下允许和禁止的范围。萨劳没有反思自己的策略，而是给他的经纪人回信写道："我保证如果我打开计算机，我会看到同一批人日复一日地违反这里面提到的所有规则。"但是，当他将这封信的内容告诉麦金农和杜邦时，他们恳请萨劳认真对待这件事。2013 年 12 月，麦金农带萨劳在伦敦会见了三名律师，律师们都对萨劳说了同样的话——"无视这一点，后果自负。"萨劳在他们提议代表他与CFTC接洽时点了点头，但在讨论了费用后，他选择不接受。不久之后，一群芝加哥交易员对 CME 提起诉讼，这引起了萨劳的共鸣，并在他选择如何回应当局的询问中起了作用。

　　在 CME 有一个不成文的规定——每个人都必须有一个昵称。他们过去曾称比尔·布拉曼为"白玉米面包"，之后是"玉米面包"。布拉曼身材高大，剃了光头，刚好在1987 年"黑色星期一"之前从大学加入了国库交易所，并一直待到"9·11"事件发生的

第 二 幕

||||||||||||

那年夏季，那时他才开始在电脑上交易。过渡是艰难的，他的许多朋友都遇到了挫折，但是布拉曼学习能力强，并且有很强的决心，不久之后，他的收入就比以往任何时候都要多。他回忆说："这是我一生中最美好的时光，因为我知道如何交易，而银行和聪明人还没有弄清楚电子交易的一个边角呢！我喜欢每天早上5点上班，午餐时下班，之后锻炼身体，然后接孩子放学，这是一种美好的生活。"

2007年的某段时间，事情开始有了变化。随着HFT的激增，布拉曼的策略越来越不奏效了。该策略涉及押注在不同时间范围的债券之间的相对浮动，他试图进行调整，整合算法并改进技术，从而使他能够更快地执行交易，他甚至自学了一些代码。但是HFT的反应太快了，在任何人做出反应之前就吞食了机会。最终，布拉曼在2012年放弃了，离开了那个给他下定义的行业。在离职后的几年里，他离了婚，在星巴克做了一名咖啡师。他说："从百万富翁走向破产对你的家庭生活并没什么大帮助。我认识的一些人自杀了，他们曾经拥有豪宅和跑车，但是他们现在没脸面对自己的家人和朋友。"

布拉曼说有成千上万的交易员像他一样被迫失业，是CME曾经热闹的露天竞技场里的流民。他对屏幕交易发展的认识具有哲学理念，把它视为朝着触及所有行业的机械化迈进的一部分。但是，HFT的支配地位很难被接受。布拉曼说："想象一下我们在交易

闪 电 崩 盘
FLASH CRASH

场，我在经纪人旁边有一个非常好的位置，我能听到所有交易进来的声音。然后有一天，两个6英尺高的家伙走过来，站在我面前，然后把我挤出去了，我再也看不到以前我能看到的交易了。这曾经是精英管理的阶层，如果你进行大量数额巨大的交易，可以为经纪人提供服务，那他们会为你腾出空间。HFT不是大块头，他们只是狡猾的人，能够偷偷摸摸倾听即将发生的事情并跳到前面，自己却不冒任何风险。"

在布拉曼看来，比HFT公司更恶劣的是拥有750亿美元市值的CME，这家交易所的董事们让这些"吸血鬼"进来吸干他们的血，进而让自己变得富有。因此，当一个昵称叫"导弹"的之前交易所的旧友打电话问他是否有兴趣参加针对CME的集体诉讼时，布拉曼很快就答应了。"玉米面包"认为自己已经没有什么可以失去的东西了，同意在诉讼的原告中加上自己的名字。这次诉讼是一位名叫R.塔玛拉·德席尔瓦的前交易所常驻民的想法，她将自己曾经成为一名交易员的梦想暂时搁置，她现在要把自己训练成一位律师。德席尔瓦认为，通过给予精选客户优惠待遇，CME正在大规模地实施欺诈行为，但要说服她的朋友加入原告的队伍并不容易。布拉曼说："你必须了解，芝加哥是一个贸易之城，而CME的权势很大。人们真的害怕它，就像害怕黑手党之类的东西。"布拉曼已经没有什么可以失去的东西了，他同意在诉讼的原告中加上自己的名字。

第 二 幕

||||||||||||

德席尔瓦直到 2007 年才成为北伊利诺伊州联邦审判律师，她对处理《商品交易法》相关案件的经验有限，她拥有的是对于正义的自信，这种自信遍及了她生活的方方面面。她在自己的网站上放上了象征正义的天平并加上自己的名字，她称自己是一个积极进取且无所畏惧的辩护律师，她不会对答案说不，并且专门受理其他律师不会受理的案件。她还开设了博客，名字是"及时反对"，其中包含对当日问题的激烈讨论。在工作之余，她经营了一个名为 Mythmaker（迷思制造者）的犬舍，该犬舍饲养着西班牙猎狗，并在 Instagram 上记录下日常点滴。布拉曼正在和全球最大的商品交易所较量，就像电影《永不妥协》里的艾琳·布罗科维奇一样。伴着她一头惊艳的金色卷发，德席尔瓦带了个好头。

布拉曼等人与 CME 的第一次较量于 2014 年 4 月 11 日发起。德席尔瓦在诉讼书中断言 CME 已与 HFT 公司签订了秘密合同，允许他们在金融界人士看到之前查看价格数据和未执行的订单信息，同时公开宣称所有人都是实时获得的信息。CME 这样做犯了操纵市场罪、欺诈罪和提供虚假信息罪。这份文件只有 17 页，并且没有提供任何证据。它还包含一些可疑的判断，例如，HFT 通常输入非常大额的订单，而大多数 HFT 实际的数额很小，而且交易频繁。两天后，CME 给出了一个极具讽刺意味的回复——"诉讼中提出的指控缺乏任何事实依据。更糟糕的是，这显示出对我们市场运作方式有根本性的误解。当原告律师基于公开的愿望提起诉讼，却在起诉时没有采取最基本的努力来确定他们的指控是否有根据，这是令人悲哀的。"

　　德席尔瓦的诉讼确实做到了一件事，那就是抓住了时机。一个月前，《大空头》和《点球成金》的作者迈克尔·刘易斯出版了《高频交易员：华尔街的速度游戏》，这是一场对股市和HFT毁灭性的曝光。刘易斯通过塑造一个决心改变体制的原型局外人布拉德·胜山这个角色，描述了市场如何变成复杂和分裂的一个领域，速度在这里就是一切，合法化的抢先交易已经成为常态。他写道："美国股市现在是一个富人阶级体系，只是人们拥有的不是现金，而是速度（最终也通向金钱）。富人为纳秒付费，但不知道纳秒的价值，他们欣赏着完美的景色，但根本从未见过这个市场。"

　　刘易斯不是第一个质疑现代市场公平性或效用性的人，但是他有自己的追随者，加上书中直白的陈述，他重新引起了关于HFT的讨论。《高频交易员》立刻成为畅销书，DOJ和SEC都宣布会在一周之内开始对HFT进行调查。纽约首席检察长埃里克·施耐德曼发起了独立调查，称HFT为"内幕交易2.0"。交易所和交易公司对此发起抵制，谴责刘易斯的书存在故意误导，但许多金融业的人士都支持刘易斯。获得过诺贝尔奖的经济学家约瑟夫·斯蒂格利茨将HFT形容为一种盗窃行为，扭曲市场并阻碍投资；沃伦·巴菲特的得力副手查理·芒格表示："这种操作相当于让老鼠进了粮仓。"

德席尔瓦针对 CME 提起的诉讼正赶上这场舆论浪潮，引起了媒体的广泛关注。但是，期货市场和股票市场是建立在不同架构上的，并且正如 CME 和其他机构很快指出的那样，刘易斯书中所揭露的许多结构性问题根本不成立。首先，虽然可以在数十个不同的场所买卖美国主要公司的股票，但包括 E-mini 在内的大多数期货只能在一个交易所内交易。因此，刘易斯所描述的许多场景，包括掠夺成性的算法，它们在一个交易所内等待订单来击中，然后又在下一个交易所里竞赛，这在期货交易中是永远都不会发生的事。

CME 的领导特里·达菲坚称自己的市场不会被困扰股市的那种系统性的前沿科技影响，但事实是，在 2006 ~ 2013 年期间，HFT 在美国期货市场交易量从 30％ 变为 60％ 以上。这就出现了一个问题，如果 HFT 不占优势，那么它们在那里做什么呢？

根据一项名为《联邦民事诉讼规则》第 9 条 b 项的规定，在美国，指控欺诈行为的原告要求以其特殊性阐明其案件的依据，该原则的门槛高于其他违法行为，并且 CME 于 5 月发起提议驳回本质上定义过于模糊的案件。在法官做出裁决之前，德席尔瓦寻求再次起诉的机会，并开始与那些可能帮助她、巩固其主张的律师们联络，其中包括洛弗尔·斯图尔特。他成立了一间律师事务所，旨在帮助那些受到操纵和价格垄断影响的当事人提起民事索赔。洛弗尔和他的同事们成功地起诉过很多交易所，尽管他们认为德

闪 电 崩 盘
FLASH CRASH

席尔瓦的申请材料不够周密，但他们看到了起诉 CME 的好处。与原告交谈并进行了自己的调查研究后，他们同意帮助重新起诉。

"玉米面包"和他的同行们声称，HFT 公司得到 CME 集团送给它们的许多已公开和未公开的好处，有意保持尽可能高的持仓数量。原告面临的问题是，任何可能有助于阐明该问题的数据均由 CME 本身严密保管。如果他们可以说服法官，那么他们就可以迫使交易所交出证据，作为审前发现程序的一部分。洛弗尔和其他律师建议，最好的机会是整合公共领域中现存的一切数据并将它塑造成令人信服的东西。

修改后的起诉基础来自《华尔街日报》在 2013 年 5 月发表的一篇文章——《HFT 人员如何利用漏洞》，其中揭示了付费后可以直连 CME 服务器的公司，在到达所谓的"公共终点线"几毫秒之前如何通过确认接收自己的交易来确定市场将要移动的方向，进而获利。《华尔街日报》写道："如果原油在 CME 里以 90 美元的价格出售，那么有的公司可能会发布一份 90.03 美元的卖单和 89.97 美元的买单，如果卖单突然被击中，该公司的计算机将检测到油价上涨，可以立即购买更多相同的合约，而其他交易员甚至还没察觉到第一步骤。"《华尔街日报》报道称这种"潜在漏洞"是 HFT 行业的一个公开秘密，Jump Trading 和 DRW Trading 都承认它们利用了这一漏洞，而一位熟悉沃途金融的人士表示，这实际上对市场有利，因为它增加了流动性。对于沃途来

第 二 幕

||||||||||||

说这肯定是一件好事，该公司在其 2014 年 IPO 招股章程中披露，截至 2014 年 2 月份的过往 5 年里，他们有 1238 天是亏损的。

CME 承诺要尽量减少这种交易迟延，并指出任何人都可以每月为直接访问服务器支付 75000 美元的费用，但原告坚持认为 HFT 的优势不仅限于速度。他们引用机密证人的证词，称 CME 与某些公司达成了秘密收费交易，这些公司降低了相对于大多数参与者的交易成本从而形成了两极市场。CME 在其网站上公布了清算费的细节，但它会商谈非常有价值的私人激励项目，根据投诉，这些项目容易受到利益冲突的影响，因为交易所的最大客户都是由自己的董事会成员经营的公司。CME 坚持认为这些交易对于将流动性带入市场至关重要，但正如彭博通讯社在起诉中引用文章指出的那样，这些交易存在于世界上一些最繁忙的市场中，这类似于暗示游客需要付费才能参观时代广场。

HFT"不可或缺"的操纵和破坏性交易手法主要有两种——清洗交易和"幌骗"。清洗交易是指实体从自身购买或出售证券以推动市场发展或达到交易量目标，从而有资格获得回款的情况，到 2013 年，该交易已广泛传播，以致 CFTC 开始进行调查。交易所在舆论上支持打压这种做法，但他们从额外的买卖交易中赚了很多钱，他们并没有积极地施行。而且，由于大多数 HFT 公司拥有数十个账户，没有什么办法可以阻止它们账户之间进行交易，然后声称它们正在执行不相关的策略。关于"幌骗"，尽管法律

闪 电 崩 盘
FLASH CRASH

有所变化，但几乎没有证据表明这种做法正在逐渐衰落。到现在为止，每 100 个 E-mini 订单中大约有 95 个都会取消，用原告的话说就是"给其他交易者营造供求关系"。很少有人会因此受到制裁，连续犯案者只要交几万美元的罚款就可以了。

修订后的起诉书于 7 月 22 日递交上去，并且明显提高了赌注。这次，原告们宣称代表了一个阶层，包括了在 2005 ~ 2014 年之间曾经买卖期货或从 CME 购买数据的每个人，这些人实际上涵盖了美国所有的金融机构、农民和食品生产商。他们不仅要求对曾经损失的一切进行赔偿，还要求彻底废除整个 HFT 行业。起诉书开头是具有战斗性的号召：

在过去的 10 年中，芝加哥衍生品市场与某些 HFT 公司达成协议，以侵蚀市场的完整性并操纵价格。这些交易所和被称为"HFT 商"的先进技术实体提供并利用信息不对称、秘密激励协议和非法交易，建立了一个对美国公众和所有其他期货市场参与者不利的两极市场，然而却一直继续代表公众和监管者声称要继续为全球市场提供透明、公平的交易市场。实际上，被告人交易所给予 HFT 的优势有效地创造了一种零和交易场景，在这种情况下，HFT 是从整个阶层成员的损失中获利，他们通过有效地给 HFT 提供机会，在每笔期货交易中获得不当收益。

第 二 幕

||||||||||||

　　萨劳在 4000 英里之外读到了起诉书，心里充满了一种正义被伸张的感觉，其中有超过 59 页的内容是他怀疑却一直无法证明的——秘密交易、订单的抢先交易、速度竞赛、工业规模的操纵。CFTC 最近通过英国监管机构向他发送了另一封信，询问他是否愿意过来参加一档采访节目。多年来，萨劳一直在录制视频，试图捕捉竞争对手作弊的证据。他和他的顾问讨论了把材料寄给原告的问题，甚至考虑自己加入集体诉讼，最后，他决定保持低调。围绕着 HFT 行业的批评让他对自己的处境重新有了信心，5 月 29 日，他终于给监管机构发了一封电子邮件，代替了采访。

　　萨劳在邮件中写道：

　　以下是对您问题的回答和我的交易概况，以及如何让市场变得更加公平和有效的一些建议。我是传统交易所出来的交易员，直到今天，我仍在使用鼠标进行交易，这就是我交易的方式。我的交易操作一直很快，因为我的反应速度。我是一位转换思维特别快的交易员，前一秒钟我准备购买 2000 手的限额，下一秒钟我可能会改变主意并退出，这是我交易的独特之处。是什么让我改变主意呢？

　　好吧，可能是任何事情。可能是我看过的其他市场的一次变动，从我 11 年的交易中突然想起的图表设置，或者仅仅是我加满订单的行为使我怀疑自己的头寸，又或者大部分只是我的直觉而已。

闪 电 崩 盘
FLASH CRASH

萨劳继续描述自己：

我是一名在英国进行交易的交易员，与 HFT 相比，我的系统慢了很多，难怪他们可以在没有任何风险的情况下操纵我的订单。我不喜欢 HFT，并且已经多次向交易所投诉它们的操纵行为，请尽快取缔这种行为。

关于问到他的电脑配置，萨劳写道：

我使用基础版的 TT 软件进行交易已经很多年了。由于标普 E-mini 中有些人非常明显地知道我全部订单的所在位置，我决定付钱给 Edge 金融为我创建了一个程序，这将更有效地掩护我的订单。我不知道这种情况是否可以形容为 HFT，对我来说，这个程序仅仅让我具有一些额外功能。这个程序叫"萨劳交易器"，但可以被称为任何东西，因为我是唯一帮助设计它的人，尽管我的设计灵感 100% 源于我看到其他交易员正在用的东西。

萨劳继续描述了"加入""冰冻""捕捉"这些功能，他说的最后一件事是：

当标普 E-mini 的大规模操纵者在 1 月 24 日（星期五）12 点

23分以1800美元进行常规操纵时，这些功能发挥了非常好的作用。

萨劳在描述分层算法时写道：

这是为了把握市场上的任何涨跌，这样就可以在市场恢复正常时（几乎是立即）赚取一点利润。这样操作的时候很少，只有当我认为市场太弱或是太强时才会这么做。

总而言之，这是对萨劳交易配置的比较准确的描述，尽管有一些严重的遗漏。他没有提到"萨劳交易器"极为重要的"订单簿后置"功能，该功能在其他订单到达时都将他的订单推至队尾。他给出的暗示是，他偶尔会对距最高出价的几个价格的订单进行分层以跟上"溢价结构"，这与他多数时间都在使用分层算法的事实不符，并且他所发布的订单完成量不到当时的1%。他提到的大规模操纵者是伊戈尔·奥斯塔彻，即使试图抚慰当局，纳温德也忍不住给他的对手施压。最重要的信息是，他任何可疑的交易实际上只是反映了他的犹豫不决和之后快速的反应，他不知道大西洋对岸已经集结了力量。他过分乐观地写下了结语：

我希望自己说的这些信息足够充分，对您有所帮助。

纳温德·萨劳

心 理 游 戏

CFTC 受到 5 年的诉讼时效限制，而"闪电崩盘"已经过去了 4 年多，这意味着如果他们打算指控萨劳的交易行为，他们需要迅速采取行动。CFTC 的调查团队尽了最大的努力，但证据仍然不足。除了哈里斯所准备的交易记录之外，萨劳和他的经纪人之间还有一些可疑的信息，以及与 CME 就真实订单的需要进行的一些试探性交易。他们描绘了一幅令人信服的画面，但没人相信这些材料足以达到适用于民事案件的"主要证据"标准。哈里斯的老板查尔斯·马文于 2014 年春季升职，他将案件转交给堪萨斯的一名高级检察官杰夫·勒·里奇。

勒·里奇在密苏里州的一个小镇上长大，沉迷于科学和太空方面的知识，他用手电筒在被子里津津有味地读着卡尔·萨根和史蒂芬·霍金的书。在大学期间，他主修化学专业，但他认为自己不会成为一名科学家，所以去了法学院。在他的孩子出生后，勒·里奇加入了 CFTC，这样他就有更多的时间照顾家庭。当电子交易迅速发展，市场变得越来越复杂时，他在数据分析方面的能力逐渐凸显，而且就像哈里斯一样，他发现自己是被需要的。

CFTC 一直有一个担忧，萨劳的交易方法以及 HFT 领域太复杂了，外行人很难理解，不难想象，陪审团肯定不愿意因为不能理解的事情而对某人定罪。为了帮助消除杂音，勒·里奇聘请了加州大学伯克利分校金融学教授特里·亨德肖特作为鉴定证人。亨德肖特的主要工作是分析萨劳最直接的武器——他与 TT 公司的哈吉共同开发的分层算法。这位教授在 2010 ~ 2014 年里选取 12 天作为样本，检查了萨劳对算法的使用情况，得出萨劳的交易手法和"幌骗"行为相符。该算法下的订单相对较大，很少被击中，并且可能对价格产生"统计上"显著的影响——每 1000 手订单中约有 0.3 个基准点。尽管亨德肖特注意到有正当的理由可以将订单簿分层，例如做市或对冲另一头寸，但他说萨劳的交易没有任何以上特征。他在报告中总结道："基于以上分析和我的经验，分层算法中大量订单被设定为不执行，并且没有明确的交易动机想要执行这些订单。"涉及"闪电崩盘"时，亨德肖特更加慎重，他委婉地指出分层算法助推了整个订单簿的失衡。

让一位知名的金融教授证明萨劳的交易与"幌骗"行为相符是有一定帮助的，但是调查中仍然存在一些漏洞，特别是缺乏体现萨劳意图的切实证据。团队让萨劳在英国接受访问而做的努力没有任何进展，而且 CFTC 没有合法权利取得他的联系方式。2014 年 6 月，随着新负责人的到来，案件出现了一个突破口。新的负责人叫艾坦·戈尔曼，他是来自纽约南区一名暴躁的前检察官，他因为曾经是起诉俄克拉荷马市的"轰炸机"蒂莫西·麦克维的团队中的一员而声名大噪。在得知堪萨斯的这起案件后，戈

闪 电 崩 盘
FLASH CRASH

尔曼建议他们看看 DOJ 是否有兴趣加入。CFTC 最近与 DOJ 就一桩丑闻展开了合作，这是一项长达数年的针对整个华尔街利率操纵的调查，戈尔曼知道刑事当局的权力可以起多大作用。在这一点上，违反《商品交易法》的行为很少被指控为重罪，但世界各地都感受到了"闪电崩盘"的影响。戈尔曼说："我想要一个真正的人进监狱的威慑效果，这比罚款或是发送警告函要有效得多。"

美国的刑事司法系统分为 93 个美国地方检察官办公室，加上华盛顿总部的司法总办，戈尔曼已经决定好把案件移交给谁了。戈尔曼与曼哈顿南区的一位曾经同在法学院的老朋友联系，对方在司法总办的欺诈部门任职。他们在职业生涯的早期就一起处理过帮派案件，当戈尔曼告诉他有关萨劳的事情时，上级同意分配给他一些得力的人手。

DOJ 里捡起这个接力棒的是检察官布伦特·威布尔和麦克·奥尼尔。威布尔是另外一位在南部地区的校友，他在肯塔基州长大，喜欢乡村音乐，特别对约翰尼·卡什情有独钟。他戴着巴迪·霍利款式的眼镜，行动缓慢却显沉稳。他的搭档奥尼尔是欺诈部门的新人，以优异的成绩毕业于哈佛大学法律专业。经过几次电话沟通后，两人与 CFTC 的对接人一起飞往芝加哥，观看 X 先生的展示，实际操作的是一位欧洲程序员，他虽然话不多，但别人给他取了一个"疯狂眼"的绰号。演示结束时，DOJ 确信萨劳是一

第 二 幕

||||||||||||

名大规模交易操纵者，可问题仍然是缺乏其交易意图的证据。幸运的是，他们有一些 CFTC 没有的手段。DOJ 的调查部门是 FBI，威布尔在芝加哥找了一名特工以获得一份搜查令，让他们可以访问萨劳的私人电子邮件。当法官签字同意后，他们就只需要等着即将到来的结果就行了。

萨劳沮丧地给他的税收专家布莱恩·哈维打了一个电话。名义上，他是一个非常有钱的人，但实际上他的财富帝国复杂而神秘，也不便于处理，这让他变得焦虑不安，他担心自己的顾问们可能会愚弄他。萨劳用 1500 万美元成立的 Cranwood 股份有限公司已经两年，到目前为止，没有获得一块土地可以用来安置风电场。在那段时间，他抱怨这桩生意已经花掉了他 300 多万美元。马丁·戴维在处理这些事情，尽管他在另一家风能公司担任首席执行官，却一直给自己支付 6 位数的薪水。萨劳最初为了保持距离，很少参加每月的聚会或仔细检查预算，但他最近检查了支出情况并对此感到愤怒。萨劳不仅为爱丁堡办事处提供资金，而且麦金农和杜邦每月会从 Cranwood 公司收取 3000 美元的费用以支付他们在伯克利广场的租金，Cranwood 还要为在风景如画的苏格兰高尔夫俱乐部阿彻菲尔德的企业会员资格买单，因为戴维说要和那里的人搞好关系。

与萨劳身边的其他人不同，哈维提供的服务是固定收费的，交易员如何投资自己的钱，他没有既定利益。哈维帮助萨劳于

闪 电 崩 盘
FLASH CRASH

2011年通过在开曼群岛建立复杂的所有权结构避免了1000万美元的税单之后，他在几年后再次过来营救，当加勒比海的管理者们临阵退缩时，他把运营权转移到了根西岛。萨劳最近经常打电话向哈维寻求建议或者聊天，哈维有四个孩子，年龄比萨劳大不了多少，而且他逐渐对这个年轻、敏感的客户产生一种保护欲。他提醒过萨劳不要理睬那些建议，并且告诉他，如果某件事看起来好得令人难以置信，就尽量不要相信。萨劳很少听从建议，但那天的通话结束时，他问哈维（不是第一次问了）是否愿意接管这个市值接近7000万美元的公司。萨劳本质上还是一名交易员，这些生意会干扰他，让他无法专心交易。哈维礼貌地拒绝了，说这超出了他的能力范围，而且他马上就要退休了，想要放慢脚步生活。通话结束之前，他敦促萨劳对麦金农和杜邦说一下自己的想法并尝试简化一下自己的事务。

当萨劳终于鼓起勇气与麦金农和杜邦对峙时，他们告诉萨劳即将举行的苏格兰独立公投让他们难以实现之前的承诺，但向他保证，事情一旦出现异常，他们会立刻处理。他们同意偿还有争议的6万美元租金，然后送他去爱丁堡，与戴维的团队待上一段时间。这次拜访在一个高尔夫球场上达到了高潮，在那里，萨劳面对着9个球洞却一直在挥空棒，根本没打到球，而他的同伴们则带着勉强的微笑在一边旁观。之后，随着他们的关系得到修复，麦金农和杜邦向萨劳又介绍了一个新的机会，是他们在法国里维埃拉的一次交流之旅中听到的。萨劳没有切断和金融家的关系，而是一头扎进了另一项风险投资里。

R.J. 奥布莱恩身材高大，梳着马尾辫，给人一种年轻时的史蒂文·西格尔的感觉。与麦金农和杜邦见面的那天，他穿着一件粉色衬衫和一条白色的裤子，扎着一条显眼的爱马仕皮带，脚上穿着一双古驰的乐福鞋，然后为热闹的餐桌点了十几瓶香槟。R.J. 奥布莱恩出生于爱尔兰，他的第一桶金是将空置的屋顶出租给电信公司赚来的，然后才搬到曼彻斯特，他在那里接触到一群职业球迷。就在那时，他想出了一个能让自己赚大钱的想法——足球的未知因素。像《足球偶像》和后来的《足球新星》这样的电视节目为有足球天赋但是学习不太好的后进生提供了最后一搏的机会，可以让他们进入一些全球最大的俱乐部里。节目由 Fox 接手，并且在世界各地复制了这种模式，这为 R.J. 奥布莱恩带来了大量的收益。R.J. 奥布莱恩的挥霍几乎处于病态，他搬进了克里斯蒂亚诺·罗纳尔多住过的豪宅，现在他正在为在线游戏领域开展的新业务寻找投资者。

R.J. 奥布莱恩的最新投资结合了萨劳的两种爱好——市场和赌博。这位爱尔兰人已经建立了一家名为 Iconic 的游戏公司，该公司将允许客户使用一个界面看起来像是在线赌场的软件来押注货币和证券的走势，界面上还设有轮盘赌和按钮。Iconic 的宣传文件写道："新闻和日报上每天都有金融市场的报道，这已经是

闪　电　崩　盘

FLASH CRASH

现代日常生活的一部分。但是，如你所见，进入该市场是令人气馁的，并且针对的是那些经验丰富、捣弄数据的奇才，涉及无数的电子表格、经纪人、费用、佣金以及巨大的潜在不利因素。把赌注押在下一个金价上涨或富时指数（FTSE）下跌的时刻，这不是很好吗？"这款软件叫"MINDGames"，它可能不会令"匿名戒赌互助会"的成员感到高兴，但会让他们垂涎。R.J. 奥布莱恩预测，该公司从一开始就将稳步增长，到第三年年底，公司会有1.75亿美元的现金储备。他还吸引了一些知名人士进入董事会，其中包括博彩巨头Ladbrokes的前首席执行官和高等法院的法官等。

　　萨劳立即接受了R.J. 奥布莱恩的提议，因为对方善于交际、积极向上，并且带着传奇色彩。和萨劳一样，R.J. 奥布莱恩从底层开始打拼，并且按照自己的规则生活，与萨劳不同的是，他是任何聚会的焦点。不久之后，足球世界杯在巴西举行，萨劳抽出一些时间观看了比赛，这是他热切盼望的赛事，甚至还给自己买了一个奖杯的复制品。R.J. 奥布莱恩在公园巷45号租了一间带巨幕电视屏的会议室，这是一家可以俯瞰海德公园的五星级酒店，Iconic团队将在商务会议结束后观看比赛。之后，当R.J. 奥布莱恩发现萨劳特别喜欢梅西时，他送给萨劳一双镶框的球鞋，上面有这位阿根廷超级巨星的签名及留言。2014年7月1日，在观看比赛中途，萨劳向Iconic投资了380万美元，获得了一些股份，R.J. 奥布莱恩野心勃勃地谈论着他们将如何征服美国。那一周，

第 二 幕

||||||||||||

萨劳赢得了一个足球赌注，他为自己的好运感到高兴。

2014 年圣诞节后不久，DOJ 已经可以监控萨劳的往来邮件了，这些邮件为案件提供了重要的证据支持。这些材料大概分为交易部分和金钱部分，交易部分的资料包括萨劳在 2009 年给哈吉的留言，其中阐述了他想对常用软件进行修改，后来感谢对方帮助他构建了分层算法，另外的资料是他与 Edge 的吉特什·塔卡尔的邮件往来，关于创建和开发更复杂的"萨劳交易器"；金钱部门的资料是关于萨劳交易之外的业务，由相关的文件组成，包括向 IXE 和 Iconic 存入数百万美元的记录以及从哈维那里咨询税务建议所开的账单。DOJ 将材料分享给了勒·里奇·哈里斯以及 CFTC 的其他同事，这两个机构的工作人员一直在材料中搜索证据，在休息期间，他们开玩笑说谁将在不可避免的电影中扮演他们。

从检察官的角度来看，让萨劳用自己的话语描述他的算法是很理想的，因为这使得交易员更难在证人席上撒谎，还有一些狂妄的言语也有很大可能让陪审团站在检察官的一方，例如萨劳自夸似的告诉 CME "见鬼去吧"。萨劳最近对 CFTC 问题的回答中有明显的谎言，并且有几个例子表明他向 CME 抱怨竞争对手正在欺骗自己，尽管他着重指出了市场中比较普遍的问题，但暗示出他明白哪些是不允许的手段，但没有遵守。

综上所述,这些证据几乎与任何检察官希望的一样足够有力。尽管如此，也没有什么理由可以让整件事公开，萨劳的电子邮件

闪 电 崩 盘
FLASH CRASH

中没有明确表明他有意寻求操纵市场以及知道自己所作所为是违法行为的内容。也许是因为抱有太多希望，欺诈部门指示 FBI 开始准备搜查令，以便当他们在英国逮捕萨劳时可以没收他的计算机和其他物品，他们还开始了争取英国监管机构和伦敦警察厅迅速支持海外突袭的过程，这个过程通常需要几个月的时间。

　　与此同时，检察官们针对以哪项法律起诉萨劳的违法行为开始了辩论。这是一个复杂的决定，能够对他们是否成功产生重要影响。一个主要的考虑因素是，在萨劳能够在美国受审之前，他们还需要确保将他从英国引渡过来。在国际法中，有一种"特殊性原则"的方法，即个人只能因其被引渡的罪行而受审。由于检察官在以后只能减少指控而不能增加指控，所以他们会把网撒得足够大。事实上，威布尔、奥尼尔和他们的同事确定了 22 项罪名，基于一系列不同标准的法令。第一项是电信诈骗，是一种包罗万象的犯罪行为，涉及故意通过使用电子通信做出虚假陈述或承诺来实施一个骗取钱财的计划，萨劳在本案中向 CME 下达了为期 5 年的订单；第二项至第十一项与涉嫌商品欺诈的个别案件有关；从第十二项至第二十一项是涉嫌操纵和操纵未遂的案件，这种罪名在之前已经证明是很难认定的；最后一项是在 CFTC 发布《关于破坏性交易的解释性指导》之后，于 2014 年 3 月发生的一个单独涉嫌诈骗的案件。这将使政府有机会在法庭上对新法规进行测试，而无须把整个案件都押在上面，而这些指控的最高刑期累计

第二幕

||||||||||||

达 380 年。

当他们避免超过法定时效期限时，当局发现萨劳再次进行了交易。到目前为止，他的大部分资金都被锁定在投资上，但在 2014 年 10 月，他在 R.J. 奥布莱恩那里开设了第二个经纪账户并存入了 800 万美元。他还联系了 Edge 的塔卡尔，想要进一步改良"萨劳交易器"。这些机构知道必须迅速行动起来，CFTC 开始起草一项限制令的议案。

在整理证据档案的过程中，哈里斯再次被萨劳的不寻常所震惊。当时，执法部门正在处理一个相当典型的案件，涉及一个名叫安东尼·克拉奇的连环欺诈犯，他谎报自己的投资能力，挪用资金开始挥霍，把钱花在飙车和吸食可卡因上。萨劳则恰恰相反，他对周围的人隐瞒自己的才能，从不花自己赚的钱。DOJ 查获的电子邮件向人们展示了屏幕后这个男人生活的一角——他的父母会逼他结婚、父亲患有糖尿病、他接受了别人的社交邀请却在最后一刻退出。"这种情况经常发生。你对某人有一种感知，当你浏览他们的银行状况、采访他们的同事、阅读他们的电子邮件时，一个真实的人出现了。有时候会让人觉得很沉重。"哈里斯说。

与此同时，执法部门的新领导戈尔曼正在触及更多的政治领域。在整个调查过程中，CFTC 一直都知道将萨劳与"闪电崩盘"联系起来会有让自身受到批评的可能性，并且随着萨劳的逮捕行动逼近，这些考虑迫在眉睫。"你只能选择一个。你要保护机构

闪 电 崩 盘
FLASH CRASH

的声誉并且不想承认自己遗漏了某些东西，所以你故意假装没看见这种行为？还是即使事情变得很尴尬，你还是要调查并且走向事实真相？"戈尔曼说。

CFTC 坚持了自己的路线，但是团队与高层管理人员之间进行了一场持久的讨论，讨论如何以证据描述萨劳与"闪电崩盘"的关联是合理的，同时最大限度地减少与早期调查结果的冲突，他们还让 SEC 也考虑一下。2015 年年初，戈尔曼、CFTC 的新任董事长蒂姆·马萨德、SEC 负责人玛丽·乔·怀特以及其执法部门的负责人安德鲁·塞雷斯尼举行电话会议，讨论了即将发生的事情。当戈尔曼展示证据之后，其他人感谢他的好心提醒，并开玩笑地问 CFTC 为什么要重新开始调查已经被搁置的事情。

2015 年 2 月 11 日，威布尔飞往芝加哥，与他从 FBI 选择的特工一起前往联邦法院，他们向法官提供了一份新的起诉副本以及对萨劳的逮捕令。法官在文件上签字并密封，直到当局准备突袭为止。萨劳的生活已经完蛋了，只是他还不知道而已。

2006 年，杰西·亚历杭德罗·加西亚·阿尔瓦雷斯不知道从哪儿冒出来，突然出现在苏黎世，他想要收购一家银行。瑞士的保密法是世界上最严格的法律之一，对于非常富有的人，拥有自己的贷方可能比将钱存放在其他地方更有效，这解释了为什么 40 万人口的城市中竟然有大约 400 家银行。经过几次不成功的会面，加西亚被介绍给了一家成立于 1984 年位于卢加诺的小型私人银行 Banca Arner 的所有者。Arner 一直都很低调，直到出现了涉嫌税务欺诈的西尔维奥·贝卢斯科尼，他在这个银行藏了数千万美元。因此，2014 年，加西亚以几百万欧元的价格购买了该银行 9.8% 的股份，并说服董事会让他收购了其余股份。加西亚援用他在 IXE 的经验，表示希望将 Arner 从一家低调的银行转变为一家强大的集团，这将有助于促进全球商品和农产品的贸易。6 月份的时候，Arner 在苏黎世开设了办事处，加西亚开始招募高层管理人员，包括任命他的妻子叶卡捷琳娜为传媒关系主管。他还找到了新的董事长，瑞士银行界的重要人物——迈克尔·贝尔。他是尤利乌斯·贝尔家族的一员，加西亚希望这可以帮助与监管机构的对接顺利一些。

那年夏天，加西亚来到伦敦，在 IXE 新租的办公室里见到了萨劳和其他几位英国投资人。办公室俯瞰着皇家交易所，交易巷离这里只有 100 米左右的距离，笛福将它称为"骗子们的天堂"。加西亚告诉投资人，摩根士丹利正在出售其瑞士子公司，而收购方对贸易融资领域不感兴趣，因此有必要让他们将资金转移到 Arner。他说这次交易的结构会稍有不同，并非每个人都有自己的个人账户，而是将大约 9000 万美元的所有资金以 IXE 贸易公司的名义合并到一个账户中，然后分配收益。而且，这些资金已不再被简单地用作第三方无风险交易的后备方案，现在也将用于对农业市场进行直接投资。加西亚向参与者保证，他们的钱将一如既

闪 电 崩 盘
FLASH CRASH

往的安全，但也为他们提供了一个严峻的选择——任何转移资金的人都将获得更多收益，不转移资金的人将没有资格再参与其中。

IXE 的投资人及其介绍人在这 3 年里的每个季度都会收到收益，在利率和回报率可怜的背景下，他们看到自己的财富正在不断攀升。早在 2012 年 Hinduja 银行受到制裁之时，他们就将资金转移到了摩根士丹利，当加西亚告诉他们需要再次转移资金时，没有人迟疑。萨劳填写了文件，同意在 9 月份将他的 6500 万美元转到 Arner 银行。自从第一天开始交易以来，他发现只要可以向自己一直努力打造的钱庄里添加更多的百万美元，他就没有丝毫迟疑过。

在不到 10 年的时间里，萨劳开创了自己的成功之路，避开了在金融界取得成功的传统路线，还带来了几公里外伦敦金融城收入最高的大型银行交易员和对冲基金经理所渴望的数字。但是，他的专注和执着让他对所有的事情都视而不见，包括现在围绕在他身边的危险。就在几周后，当他突然被父亲的声音吵醒时，他父亲告诉他警察已经到了家门口，他的幻想终于破灭了。

第三幕

FLASH CRASH

消失的金钱

2015 年 4 月 21 日，美国政府派人到豪恩斯洛逮捕萨劳，萨劳后来告诉调查人员，他当时最大的感觉是解脱。从 Futex 开始交易到现在，已经过去了 12 年，那时的萨劳没什么钱，但他吹嘘自己要赚到 10 亿英镑。没有人能够指责他没有让事情好好发展，但他最近所面临的压力使他不堪重负，监管机构的来信，他的商业合伙人无休止的要求，频繁出现的 6 位数损失，等等。萨劳坚持认为他没有做错任何事，但他逐渐变得郁闷起来，他原来那种钢铁般的意志通常会抵制这种没必要的情绪，但他现在却慢慢屈服。当他戴着手铐从父母家的房子里被带到没有标志的警车后方的时候，他至少可以安慰自己，无论接下来发生什么，交易都已经结束了。

在牢房里待了一晚上之后，萨劳被带到威斯敏斯特地方法院。这是一幢现代的朴素建筑，位于伦敦北部贝克街和埃奇韦尔路之间。一位年轻的英国交易员在其童年的卧室里引发了一起蒸发上

闪 电 崩 盘
FLASH CRASH

万亿美元的股市崩盘并受到了美国政府的谴责，这个新闻报道已经占据了新闻周刊的主导地位。到了上午9点30分，一号法院的外面已经排起了长队。当法院工作人员开门之后，记者们蜂拥赶到法庭后面大约40个旁听席的座位上。萨劳的父亲纳查塔尔·萨劳坐在他们中间，穿着米色夹克，戴着压低到眼睛上方的棒球帽。上午10点过后，法官示意一名警卫把被告带来。当萨劳拖着脚步走到被告席的时候，法庭里鸦雀无声。褪色的金黄色运动衫显得很鲜亮，缩在加固玻璃墙后面的萨劳看上去却像只小鸟一样脆弱。

　　萨劳听取了这些指控，拒绝了DOJ的引渡要求，并且非常平静地确认了详细的个人信息，法官不得不让他大点声讲话。他的代理律师名叫理查德·伊根，他的律师事务所塔克斯（Tuckers）是值班名单上的下一个名字，因此碰巧被派上了工作。当天下午，双方商定于8月中旬举行引渡听证会。法官在得到萨劳关于不上网的保证之后批准萨劳保释，并且要求他每周要向警察局报告3次，同时移交505万英镑（包括他在R.J.奥布莱恩交易账户中的所有资金，加上父母提供的5万英镑），这是为了打消他逃跑的念头。完成资金移交，他就可以回家。

　　萨劳被捕的消息很快就在认识他的人之中传开。琳恩·亚当森在家里听着第四电台的广播；迈尔斯·麦金农在登上火车时接到了一名记者的电话；吉特什·塔卡尔收到了一位认识萨劳的朋友给他转发的一篇文章；Futex的前同事在社交媒体上互

第 三 幕

||||||||||||

相分享了这个事情。彭博电视台的工作人员前往沃金，在萨劳实习过的交易大厅里采访了保罗·罗西，他说："我一直相信萨劳会成为那种传奇人物，从某种意义上来说是潜在的传奇人物。"威布尔、奥尼尔和 FBI 的特工们为了避免在法庭上曝光，第二天飞回了美国。

在萨劳等待获释期间，他被关押在旺斯沃斯监狱，位于泰晤士河以南。萨劳原本以为只需要在那里待上几个小时而已，但第二天就有一位律师来说出现了一个意外。在萨劳被捕之前，CFTC已经冻结了他的资产，禁止 R.J. 奥布莱恩公司释放资金，并要求任何非美国实体也这样做。律师说正在努力解决这一问题，但就目前而言，萨劳仍然会被关押在监狱里。

旺斯沃斯监狱关押了大约 1700 名囚犯，许多像萨劳这样的人都处于一种不确定状态，要么在押候审，要么等待着转移到另一个监狱。萨劳的牢房每天 23 个小时都上着锁，里面有一个厕所、一个带塑料板的铺位和一个装有铁栅栏的窗户。他对光线和噪声非常敏感，加上不确定自己还要在那里待多久，他发现自己根本睡不着觉。一周后，他穿着监狱发放的衣服被带回了法庭，一名法官拒绝了更改保释条件的要求。又过了一周，当同样的事情再次发生时，他朝着旁听席大喊："我为什么要坐牢？我除了做好自己的工作，没有做错任何事！"那天是"闪电崩盘"的 5 周年。

5 月初，萨劳被带到监狱的会议室，他见到了罗杰·伯林盖

闪　电　崩　盘
FLASH CRASH

姆，前 DOJ 高级检察官，后来在伦敦成功转型为辩护律师，曾代表美国刑事调查的欧洲目标处理相关事件。伯林盖姆今年 44 岁，为人低调，很容易让人放下防备，是 Kobre&Kim 的合伙人，由英国律师团队选中处理美国方面的辩护，他的第一项工作是要让萨劳离开监狱。伯林盖姆对萨劳解释说关押的问题在于美国政府认为他有潜逃的风险，根据 CFTC 的计算，萨劳仅在 2009 年通过交易 E-mini 就已经赚了 4000 万美元，其中大部分资金都在境外，美国方面无法控制。如果资金没有冻结，他又获释，还有什么能阻止他消失呢？

在确定行动方案之前，伯林盖姆需要对萨劳的财务状况有更好的了解。当萨劳向他描述包括对可再生能源、赌博、贸易金融和保险进行的投资时，他在旁边认真地倾听并尽可能收集一切有用的信息。之后，他开始与萨劳的合伙人联系，这些合伙人告诉他，为风电场项目预留的所有资金都被存放在他们无法访问的银行账户中；萨劳拥有股份的在线赌博公司 Iconic 损失惨重，在萨劳被捕前几周又从萨劳那借了 100 万英镑；尽管萨劳的一家离岸公司 IGC 的账户中有一些钱，但突然申请破产清算将引发超过 3000 万美元的税单。于是，迅速获得资金的唯一机会是 IXE，该公司在瑞士 Arner 银行持有萨劳约 6500 万美元的资金。

当加西业最终给萨劳的律师回电话时，他对萨劳遭遇的困境表示了遗憾，但是他无能为力，萨劳的资金受到严格的锁定条款

第 三 幕
||||||||||||

约束，最早也要到 2016 年 1 月到期。此外，尽管 CFTC 的冻结令在美国境外是不可执行的，但 IXE 的董事们已做出决定，事情解决前不会为萨劳和他的介绍人支付任何款项。加西亚最后说，他认为在 11 月的时候可能会释放萨劳的一大部分资金。那已经是半年之后的事了，萨劳的律师担心萨劳可能活不到那个时候。

在旺斯沃斯待了 8 个星期之后，萨劳开始崩溃了。由于睡眠不足，他曾经试图把毯子盖在窗户上挡住光线，但监狱生活仍然让人无法忍受。几天前，另一名囚犯搬了进来，他们的铺位被塑料屏风隔开，相距不到 2 米。当萨劳的新狱友试图上吊自杀时，萨劳举起他沉重的双腿，直到一名守卫到来。萨劳唯一能获得的解脱便是参加每周举行的保释听证会，但结果总是令人失望。为了让自己忙起来，他开始阅读哲学书籍。他的最爱之一是詹姆斯·雷德菲尔德的《塞莱斯廷预言》，它讲的是一个现代寓言，主人公踏上前往秘鲁的冒险旅程，从中学到了重要的人生道理，比如物质财富的积累是没有意义的。

回到河对岸的法院大楼里，关于萨劳的释放之战正在升级。到现在为止，萨劳明显没有流动资金来支付保释金，解决问题的重点转向了说服英国司法机构。为了处理即将到来的引渡听证会，塔克斯律师事务所委任了一位著名的律师詹姆斯·刘易斯，委任他于 5 月 20 日将此案提交高等法院。刘易斯要求将保释金减少到萨劳父母的那 5 万英镑，理由是萨劳来自一个"亲密型的家庭"，

闪 电 崩 盘
FLASH CRASH

并且绝对不会做出任何损害其家庭所有积蓄的事情。法官不为所动，他认为对于 4000 万美元的利润来说，5 万英镑根本无法提供任何保障，特别是萨劳没有伴侣和孩子。这样的情况引出了另一个微妙的问题，到现在为止，有 6 位律师负责处理本案的各个方面，如果资金都被冻结或情况变得更糟，他们将如何获得报酬呢？

辩护团队聘请了一名精神科医生与萨劳见面，医生之后确定他在阿斯伯格综合征上的得分很高，这是属于自闭症范围的一种疾病，其特征是社交困难、沉迷兴趣和对刺激的高度敏感。萨劳以前从未看过精神科医生，尽管他一直都被人说怪异，但这是第一次有人说他得了一种特殊的疾病。剑桥大学在 2015 年进行的一项研究中发现，自闭症的特质包括对细节关注、难以理解他人的观点等，在从事数学和科学相关工作的人士中更为常见。

CFTC 的限制令将于 6 月到期，届时将举行禁令听证会，法官将决定是否延长冻结期限，直至案情结束。伯林盖姆意识到这样可能会锁定萨劳的资金数年，因此打电话给 CFTC 试图达成一项交易。该机构优先考虑的是赔偿，萨劳积累了数千万美元，监管机构希望确保如果他被判有罪，需要归还欺骗市场的所有收益。在听取他们的担忧之后，伯林盖姆提出了一个新奇的建议。追踪国外资产是一个艰难的过程，但是 Kobre&Kim 在该领域拥有一些经验。如果 CFTC 同意修改限制令以解除对萨劳全球资产的封锁，那么该公司将充当赏金猎人的角色，代表政府追踪赃物并

第 三 幕

IIIIIIIIIIII

将其放入托管账户，第一笔存款是存在 R.J. 奥布莱恩那儿的 500
万英镑。在伯林盖姆和他的团队追回的资金中，之后有 250 万美
元将用于支付律师费以及保释金。如果总资金超过 3000 万美元，
多余的资金将用于支付任何额外费用以及萨劳的生活开支。CFTC
最终同意了这个提议，并且在 6 月 29 日修改了限制令。

萨劳释放的可能性有所增加，但他的商业帝国继续瓦解。
Iconic 现在已经投进了 500 万美元，本该在今年晚些时候上线，
但是这个项目落后于计划，当支付处理公司听说有关萨劳的争议
时，他们一走了之，Iconic 董事会成员们也纷纷效仿。到现在为止，
马尾辫创始人 R.J. 奥布莱恩已经委托一家公司拍摄一个由康纳·麦
格雷戈主演的 60 秒动作电影风格的广告，并且准备在拉斯维加斯
的米高梅赌场酒店举行一次盛大的发布会。一个月后，这家公司
进入清算流程。

R.J. 奥布莱恩表示："Iconic 是一家潜力巨大的公司，但是
在萨劳被捕之后，一切都分崩离析了。合作伙伴、银行和高管都
走掉了。我尽了一切努力使其能维持下去，但是没有人希望与被
指责造成'闪电崩盘'的那个家伙扯上关系。我个人损失了大约
2000 万美元，但我喜欢萨劳，并且祝他一切顺利。"

同时，IXE 决定现在将停止所有支出，这对那些依赖金钱的
人造成了毁灭性的影响；琳恩·亚当森和她的搭档被愤怒的投资
者和介绍人的电话一顿狂轰滥炸，这些人不了解萨劳的法律问题

和他们有什么关系；Cranwood 的风电场项目还没等架好一台涡轮机就已经关闭。日益绝望的麦金农和杜邦聘请律师试图迫使加西亚释放一些资金，并且极不情愿地将伯克利广场的办公室的钥匙交了回去。他们在 5 年里死死抓住萨劳并赢得了金钱和成功，现在他们因为和萨劳的关系而败坏了名誉。

萨劳最终于 2015 年 8 月 14 日获释。法官同意将保释金减至 5 万英镑，因为始终未追回任何资产。几周之后他将回来参加引渡听证会，在此之前，只要他待在伦敦外环高速公路以内并佩戴电子追踪器，他就是个自由人。萨劳被释放的当天下午，摄影师们推挤着抓拍这个臭名昭著的"豪恩斯洛猎犬"。萨劳穿着黑色的外套朝出租车走去，尖顶的帽子下是长长的头发，一副巫师的模样。

释放萨劳

萨劳被捕的消息一经公开就引起了强烈的反响。对 HFT 的厌恶是理所应当的，而萨劳故事的每个要素似乎都是精确的工具、卑微的开端、对 HFT 的批判、美国政府的重压、媒体对他性格古

第 三 幕

‖‖‖‖‖‖‖‖‖‖‖

怪的认定，似乎都是为了激起人们的愤怒。在没了解起诉的细节之前，评论员已经站在了失败者的后面。一位金融时报的记者写道："一个伦敦西部的家伙，在家里玩一个现成的算法程序，然后颠覆了整个美国股市，这本身就很可笑，感觉这个案子就是在胡说八道。"几天后，《纽约时报》发表了一篇名为《交易员成了替罪羊》的文章，作者是哥伦比亚大学教授拉吉夫·塞西。他认为在一个以"抢先交易"算法为主导的世界中，萨劳的策略是可以理解的，甚至是值得赞赏的。他在文章中写道："如果监管者和检察官对证券法规能够认真执行，他们应该关注分散市场中最大的玩家，而不应该关注那些独自设法愚弄算法的个人。"在彭博社中，迈克尔·刘易斯质疑为什么监管机构花了 5 年的时间才提出指控。

对于案件小组的成员来说，这种后果是可以预见的，但令人恼火。很多报道看起来完全没经过调查，并且有误导性。萨劳的确住在他父母的房子里，穿着运动服，骑着摩托车，但他也值 7000 万美元，如果他愿意的话，本可以买下克莱维尔路上的每一栋房子。还有，他虽然以相对较慢的连接速度在卧室里进行交易，但在很长一段时间里，他一直是世界五大 E-mini 交易员之一，交易量一直高于世界上那些大型的银行和对冲资金。当局比任何人都清楚这个事件有多奇怪，但没有把它变得不真实，而且人们因为感觉不对就否定他们的劳动成果，这种感觉很让人失望。舆论

闪 电 崩 盘
FLASH CRASH

中的抱怨多是认为监管机构为了轻松赢得胜利而把萨劳当成替罪羊，这很讽刺，因为他们必须付出巨大的努力才能说服管理者们重新审理一起已经被搁置的案件。

尽管如此，这些机构也遇到了不必要的困难。在萨劳被捕的前夕，CFTC 和 DOJ 都进行了大量的讨论，关于萨劳在"闪电崩盘"中到底起了什么作用。一些人认为，将 2010 年 5 月 6 日的事件归罪于萨劳是没有必要的，并且有冒着削弱整个案件重要性的风险，特别是因为破坏性交易的条款直到 2011 年才生效，其他人则想让事件与萨劳的联系尽可能紧密，以获得最大的影响。这些机构最后认为，不强调萨劳那天的惊人欺诈行为是不诚实的，即便如此，他们还是为寻找一套合适的说辞而苦恼。DOJ 的起诉书称萨劳的交易助力了订单簿的失衡，这是 CFTC 和 SEC 在一份已发表的报告中得出的结论，也是"闪电崩盘"的原因之一，这个很难驳斥。但是，在新闻办公室发布了"期货交易员被指控非法操纵股市，推动了 2010 年'闪电崩盘'大爆发"的新闻报道后，所有这些层次上的细微差别都消失了。萨劳被正式冠以"闪电崩盘交易员"的称号，随后的许多辩论都是有关他是无辜的还是有罪的，完全忽视了他其余几百天的交易。

检察官们正忙于准备审判，没空理会媒体把"闪电崩盘"定义成一段不幸者的小插曲，但事实上，这对萨劳米说非常重要。从历史上看，欺诈犯和操纵犯只是受到民事处罚，处以罚款或临

第 三 幕

||||||||||||

时禁令。因此，政府对萨劳进行刑事起诉的决定意味着处罚升级。他是有史以来第一位将被引渡的市场操纵犯，对他的一些指控最高可判处有期徒刑 20 年。如果造成这种待遇差异的主要原因是萨劳助力了市场崩溃，那么必须确定这种说法是否成立。一位参与最初调查的前 CFTC 员工认为，将萨劳与"闪电崩盘"联系起来的决定是不明智的。他说："这让我自己以及我说话的对象感到困惑，为什么他们会做出这样的声明。他们应该意识到，这会给案件带来风险，因为这是他们永远无法证明的事情，看起来有些哗众取宠。"他的言论反映出在萨劳被捕后的那些天，原"闪电崩盘"报告的作者们与萨劳案的办案人员在观点上出现了分歧。2010 年调查的负责人之一安德烈·基里连科不认同萨劳完全与"闪电崩盘"有关的观点，基里连科在接受《华尔街日报》采访时将萨劳的分层订单所产生的影响描述为"在统计上微不足道"，同时指出，当 E-mini 遭受打击时，萨劳的程序已经关闭了。另一些人则承认他们存在疏忽，康奈尔大学的莫林·奥哈拉参加了 CFTC 主席加里·根斯勒成立的委员会，负责监督第一次调查。他说："我们应该看到这一点。如今，市场操纵不仅仅涉及交易，和订单也有很大关系。"

对于对市场微观结构感兴趣的学者而言，萨劳的案子重新引发了一场长期争论，即关于未完成订单（包括骗单）对价格的实际影响程度。休斯敦大学的克雷格·皮隆，其博客名为"街头智慧教授"，他认为加州大学伯克利分校的金融学教授、政府的鉴定证人特里·亨德肖特已经证明萨劳的交易对价格的影响很小，只是削弱了 CFTC 的主张。他写道："萨劳的操作很明显是有问题的，这个似是而非的案子表明他确实在进行欺骗和分层算法。但是，政府的专家估计他的行为所产生的影响与被起诉可能产生的法律后果之间的差异如此之大，这是无法让人容忍的。"一篇名为《闪电崩盘：一种新的解构主义》的文章作者也赞同这种观点，该文章的早期版本在 2016 年 1 月被媒体报道，也就是在萨劳的引渡听证会前夕。在首次以毫秒为单位分析 E-mini 和 SPY 交易数据之后，埃瑞克·奥德里奇、约瑟夫·格朗德费斯特和格里高利·拉夫林得出结论，2010 年 5 月 6 日的事件是由于普遍的市场情况与 Waddell&Reed 以特别混乱的方式执行大型股票卖单而引起的。这与基里连科的观点一致。关于萨劳的问题，他们估计，他那远离市场的骗单最多推动 E-mini 在 2 分钟内降低 0.324 个基点，而实际上，市场在欧洲中部时间 1 点 45 分之前的 5 分钟之内一共下跌了 500 个基点。因此，他们说："按照美国政府宣称的那样，纳温德·萨劳的骗单极有可能造成'闪电崩盘'，或者该崩盘是他欺诈行为的可预见后果，这种可能性是不大的，虽然他属于违法操作。"

在"幌骗"规则生效 4 年后，人们再次追问这种做法是否像政府认为的那样十恶不赦。身价约 40 亿美元的著名能源交易员和对冲基金经理约翰·阿诺德在彭博社上撰文指出,电子时代的"幌骗"实际上是对许多HFT公司所采取的"抢先交易"的必要平衡。他写道:"领先者通过收集合法市场参与者的意图并跳到他们的订单前获利,从而导致原始交易者以较为不利的价格进行买卖。但是,当骗单参与其中时,情况看起来就大不相同了。当HFT算法跳到骗单前面时,领先交易者就会受骗赔钱。突然间,领先者面临着真正的市场风险,做出了理性的选择,减少了先发制人的行为。"阿诺德推测,在"幌骗"中唯一的失败者是抢先交易的HFT公司,它们的策略对市场上的每位参与者都是有害的。有人并不同意这种观点,一个算法交易公司的经营者基普·罗杰斯在他的博客"机械市场"中指出,所有的交易,无论时间、范围如何,最终都要使用数据来预测未来,把特别擅长于此的实体描述为跳单的领先者是滥用术语。罗杰斯还反驳了阿诺德关于只有HFT公司受欺骗影响的论点,认为所有参与者都对市场的完整性有着至关重要的影响。

不过,在独立交易员的圈子中,萨劳的名声并不取决于他是否造成了"闪电崩盘"或者是"幌骗"在道德上的对错。对于日内交易员日益减少的团队来说,萨劳无疑就是神,一个孤军奋战的交易者。多年来,"HFT极客"和华尔街交易员一直以其固有的优势和关系排挤这些参与投机的交易员,而现在,有人用家里的电脑就已经找到了反击的方法,用两根手指就完成了所有的操

闪 电 崩 盘
FLASH CRASH

作，谁在乎他的行为是否合法？纳温德·萨劳就是一位摇滚明星。

"说实话，我认为这个故事里的人是交易英雄，也是每个人的灵感来源。他在 10 年前左右开始交易，现在是世界上最厉害的标普交易者之一。他的软件可以让任何人访问，这就是我们所有人梦寐以求的。"有人在论坛上这样写道。

"在这个行业总有一种强烈的感觉，萨劳是我们中的一员。"汤姆·丹特原来是 Futex 的新人，现在担任交易教练。"'幌骗'太普遍了，并且总是与 HFT 和银行联系在一起，因此当他们追着一个和他们对抗的人不放时，看起来完全不公平。"在萨劳被捕后的第二天，"释放萨劳"的话题开始出现在推特上。在那个星期，为了抗议引渡萨劳，网上开始了请愿。其中一个参与请愿的签名者说："交易水平达到这样的高度是非常罕见的，需要很多的努力和才能。当一个人真正成功做到的时候，却夺走他身上所有的东西，这使我质疑行业的完整性。"

另一位 Futex 同伴埃里克斯·海伍德，他现在经营着自己的 Axia Futures 交易场。他说："作为交易员，我们感到很难过，因为它表明市场上存在清晰的等级制度，而交易场里的交易员则处于最底层。"

对于检察官来说，他们在新闻媒体上受到的打击为他们在审判中可能面对的各种论点提供了有用的见解。在会议上，他们阅读相关的文章和博客，为如何应对批评制定策略。尽管如此，他

第 三 幕

||||||||||||

们中的任何一个人也无法完全无视案件中这个真实的人，听到萨劳在监狱里的经历和他的精神诊断，他们也犹豫了。CFTC 和 DOJ 为了寻找萨劳涉嫌犯罪的潜在受害者，探访了一些规模最大、最赚钱的 HFT 公司的所有者。他们遇到了一位年轻的老板，穿着拖鞋和花衬衫坐在富丽堂皇的办公室，他们曾开玩笑说："所以，这就是我们的受害者？"

　　有一个人的想法从来没动摇过，这个人就是 X 先生，他以一种困惑的眼光看着萨劳周围逐渐热闹起来的场面。他说："在我看来，理解这一事件的主要问题一直是对寻找单一原因的奇怪执着。人们要么相信他是引起崩盘的原因，要么不是，这有点可笑。市场是非常复杂的系统，每个人都想找出是谁拔了插头，却不再专注于代理交互。"当被问及了解萨劳的身份后，他是否有任何程度尊重萨劳的行为时，X 先生回答："你问我是否勉强尊重某个涉嫌大规模欺诈的人，这是个很奇怪的问题。我没有，我不尊重任何一个从市场参与者那里偷钱的人，无论他们有多聪明或者感觉有多合理。萨劳没有针对 HFT 人员，他不是市场的受害者，他从所有参与者那里偷了钱，没有特定的焦点，他试图通过使用常见的欺骗技巧来赚钱。他的天赋在于他缺乏恐惧和信念，他永远不想后果，这让他在很长一段时间内都用庞大的头寸进行大规模的作弊，这是他成功的重要因素，而且我不知道他有像罗宾汉一样把钱捐了出去。为了自己的利益而偷钱实在没什么值得钦佩的。"

闪 电 崩 盘
FLASH CRASH

一切尽失

　　萨劳从旺斯沃斯监狱获释之后，回到了熟悉的生活轨道，感觉很放松。无法使用金钱几乎没有影响他的生活，他会和哥哥的孩子们在花园里打羽毛球，逛逛当地的商场，可以的话，还会参加老同学们每周的足球比赛。萨劳每周都要骑自行车到附近的警察局报到3次，所以他花了200英镑买了一辆兰博基尼牌的黄色自行车，偶尔还会问别人："你喜欢我的兰博吗？"

　　有一天，他的出庭律师詹姆斯·刘易斯过来拜访并观察他在电脑上做交易演示。到目前为止，萨劳坚信举报他的是与DOJ勾结的大型HFT公司之一，他乐观地认为所有已知的事实都是把他指向无罪的。DOJ在9月2日公布了起诉书，其中包含了大量可以证明他有罪的新证据，萨劳的看法受到了新的挑战。

　　4个月前，在萨劳被捕后不久，X先生的律师肖恩·史蒂文森与CFTC取得了联系，并且带来了一个奇怪的新发现。X先生的一位开发人员，曾经帮助X先生为DOJ演示如何使用操纵软件，有一个"疯狂眼"的绰号。他在媒体上看到萨劳的名字后，回想起自己曾经和萨劳有过邮件往来，他认为调查机构已经看到了这些邮件。这些资料表明，在2009年1月，在萨劳首次联系TT公司之前，他聘用了"疯狂眼"为他创建"幌骗"程序。这是一个

第 三 幕

||||||||||||

出人意料的转折点，X 先生的下属，可以鉴别萨劳"幌骗"行为的那款软件的程序员就是之前做这个程序的人，而这个程序后来变成了"萨劳交易器"。

"疯狂眼"当时并没有做出让萨劳满意的系统，并且这个事情在几个月之后就被放弃了，但当时萨劳在与"疯狂眼"邮件往来中的沟通要比和后来的开发人员坦诚得多。萨劳在 2009 年 2 月 1 日的一封电子邮件中写道："如果我缺钱，我想把价格骗下来。"他在 2 月 27 日的邮件中写道："我尝试给你打电话并发送了电子邮件，我需要知道您是否可以做我所需要的东西，因为此刻我一直在受到我自己骗单的攻击，这让我损失了很多钱。"

CFTC 致电 DOJ 分享了这个消息，对 DOJ 来说，证据呈现的方式有些不可思议，但这个消息却好得让人难以置信。为了避免潜在的利益冲突，检察官确保开发人员不会从 X 先生可能获得的任何奖励中受益，并且命令程序员保存他的硬盘，以防电子邮件的真实性受到质疑。当被问到此事时，"疯狂眼"说他根本就没有将这两件事联系在一起。到现在为止，往来的电子邮件已经过去了 5 年多，这意味着法规的局限性已经过去。当局感谢开发人员的协助，并且没有试图对他帮助萨劳开发交易程序的事情提出指控。

对于萨劳的阵营而言，在起诉书中看到这些电子邮件是毁灭性的打击，这是针对萨劳不法意图无可辩驳的证据。为了给他们

闪 电 崩 盘
FLASH CRASH

时间做出回应，法官同意将引渡听证会推迟到 2016 年 2 月。他们仍然可能提出潜在的法律挑战，尤其是管理"幌骗"行为的规则如此含糊、执行不均衡、误解如此之大，甚至可以被认为是违背宪法的。然而，律师们何时以及如何获得报酬的问题仍然还没有解决，IXE 违背了承诺，没有提前释放萨劳的一些资金。在整个冬季，前景只会变得越来越让人沮丧。

10 月 19 日，CFTC 指控萨劳的长期竞争对手伊戈尔·奥斯塔彻在 E-mini、铜、原油、天然气和波动期货交易中进行了欺诈交易并使用了操纵性设备，他极力否认这些指控。萨劳的律师想要扭转局面的部分说法是，美国当局任意瞄准了一个单独的英国交易员，而其他人则获得了免费通行证。现在，至少对于奥斯塔彻的案子而言，这已经不再是事实。奥斯塔彻的操作方式就像他面前的传奇"鱼鳍"一样，在市场的一边下达庞大的订单，等待其他实体跟随，然后，一旦市场波动了几个点，他就使用 TT 的"避免订单交叉"功能，只需单击鼠标即可切换方向并攻击他们。他使用该策略已有多年，并坚持认为该策略并不构成欺骗，因为他从不知道计划提前完成或取消哪些订单。CFTC 的书面证词显示，在包括行业巨头 Citadel 在内的 HFT 公司投诉之后，该机构已开始对奥斯塔彻进行调查。这位俄罗斯人随时用鼠标耍着花招，显然使 Citadel 复杂的算法无法以习惯的确认等级来预测市场将要移动的方向。奥斯塔彻非常愤怒，他认为执行议程是由世界上最强大的 HFT 公司确定的，于是他选择了战斗。像萨劳一样，他雇用了 Kobre&Kim 为他辩护。

一个月后，整个期货行业都在关注有史以来第一次在芝加哥进行刑事审判的欺诈案，被告还被指控犯有商品欺诈罪，名叫迈克尔·科西亚，53 岁，胸肌发达，是前布鲁克林交易员，在大学期间靠投递邮件赚钱。与新一代电脑天才的孩子们截然相反，当交易场关闭后，科西亚根据编码员保存的一封电子邮件，成立了自己的交易公司，并且在 2011 年要求程序员建立一种算法机制，让他可以推高市场。这是一个具有里程碑意义的案例，科西亚从 Sullivan & Cromwell 律师事务所聘请了纽约的精英律师团队，其中包括 SEC 的期货执法部门负责人、CFTC 的前法律总顾问以及在玛莎·斯图尔特的内幕交易审判中的首席大检察官。在一周的审判过程中，圆滑的辩护律师们轮流向有时看起来糊里糊涂的陪审团解释，取消订单是常规操作，算法交易是惯例，新出的欺诈规则模棱两可且考虑不周。他们将科西亚描绘成一个出身寒门、单独与机器世界努力竞争的人，并且强调科西亚在 2010 年只使用了两个月的算法，破坏性交易规则在当时还处在讨论的阶段。科西亚已经同意在 2013 年向各种民事机构支付 300 万美元以上的罚款，他认为这件事情已经结束，直到 DOJ 一年后敲响了他家的门，再次揭开了这个伤疤。

代表政府的是极度活跃的年轻检察官雷纳托·马里奥蒂，他

闪 电 崩 盘
FLASH CRASH

的做法是忽略行业术语和统计数据，将讨论带到一个没有金融背景的陪审团也能参与的水平。他找到一家鸡肉公司的高管作为证人，解释普通企业如何依赖大宗商品市场进行交易，并且把盘问当作表演，用窃笑和翻白眼一直刺激科西亚，直到科西亚在被告席上大喊："我买卖的不是热狗，我交易的是期货！"审问到最后时，马里奥蒂转向陪审员，用一个演员的姿态说道："你知道，这让我想起了我小时候在学校操场上经常能看到的情形。有的小孩会伸出手，好像他想和你握手一样，当你要和他握手时，他就立刻把手抽走；或者他把手举起来，看起来想要和你击掌，然后又突然把手放下。这很有趣？我可不这么觉得，这就是个恶作剧，和这件案子里发生的事情是一模一样的情况。"

陪审团用了不到一个小时裁定科西亚有罪，他被判处 3 年监禁，这使他成为金融历史上第一个因为"幌骗"坐牢的人，该案打破了数十年来固有的观念，即操纵市场案件对于政府几乎是不可能赢的。对萨劳来说，这也是灾难性的预兆，他已经用了 5 年这种程序，而科西亚是 10 周；他赚了 4000 万美元，而科西亚是104 万美元。

圣诞节前夕，伊利诺伊州的一名法官驳回了比尔·布拉曼针对 CME 的诉讼，萨劳曾考虑过加入集体诉讼，这使他对自己的困境产生了一种不应该的信心。布拉曼等人曾指控 CME 给予 HFT 特权，创造了一个分层市场，允许掠夺性战略的发展，但是法官给出的结论是原告没有任何具体证据并质疑他们为什么起诉交易所而不是 HFT 公司本身。他写道："法院的任务不是裁决 HFT 的公平性或适当性。"这几乎没有给布拉曼和他的伙伴们任何慰藉，他们想知道如果不访问 CME 的交易数据，他们应该如何得到确凿的证据。

由于拿不出钱，而且证据越来越不利于自己，萨劳最后的希望寄托于说服英国法院阻止他的引渡。为期 2 天的听证会于 2016 年 2 月的第一周在萨劳非常熟悉的威斯敏斯特地方法院举行。萨劳来的时候穿着深色西装，扎着领带，左右两侧是律师，看起来受人尊敬，只有目光敏锐的观察者会注意到他的裤子和外套的颜色深浅不同。英美之间的引渡受一项条约管辖，该条约规定，除最特殊的情况外，两国将移交所有犯罪目标。个人可以提出一系列反对意见，但成功的可能性很小。

美国要想获胜，不需要证明自己的情况，只需要有理由可以回答，而英国是否愿意放弃本国公民一直是一个备受争议的话题。2010 年，政府下令调查该项制度是否公平，主持调查的贝克勋爵总结说，这是一个问题，但由于一系列引人注目的案件，这一问题没有消失，包括加里·麦金农的案件。加里·麦金农是格拉斯哥一家 IT 公司的员工，曾经侵入了美国军方和美国宇航局的多台电脑，留下了"你的安全是垃圾"这样的信息。他被诊断出患有阿斯伯格综合征，他说自己正在寻找 UFO 的证据。他的境遇成为

闪 电 崩 盘
FLASH CRASH

国会议员和公众人物普遍关注的焦点，如大卫·吉尔摩、克里西·海德和鲍勃·格尔多夫，他们录制了一首歌以唤起人们的关注。这场活动未能动摇高等法院，但在麦金农离开前夕，当时的内政大臣特蕾莎·梅介入，以人权为由阻止引渡。该案可能为萨劳提供了一个有用的先例，除了这样一个事实——梅对自己所承受的压力感到不安，她永久性地取消了内政大臣考虑最后一刻代表的权力，消除了另一个可能的上诉渠道。

当萨劳穿着被捕时的那件黄色T恤衫坐在被告席之后，他变得紧张起来，不停地眨眼。在过去的将近一年里，他的知名度不断提高，记者们从世界各地来参加这次审判。与标准审判不同，英国的引渡听证会没有无罪推定，被告有责任向法官表明为什么不应该将他们引渡。刘易斯为萨劳辩护，他是为数不多有过阻止美国引渡请求经验的大律师之一。当刘易斯和他的助手乔尔·史密斯接手萨劳的案子时，他们计划抨击DOJ关于交易员与"闪电崩盘"有任何关系的主张，并且在审前听证会上辩称这种关联没有事实依据，将使审判不具公正性。从那之后，美国人在法庭上几乎不再提及2010年5月6日的事件。就目前而言，刘易斯最好的论据是，尽管萨劳"滑稽"的行为在美国可能构成犯罪，在英国却不会，因为此案未能通过《引渡法》对"两国共认犯罪"的要求。刘易斯说："问题的关键在于萨劳先生的行为在英国是否构成犯罪。"

第 三 幕

Ⅱ Ⅱ Ⅱ Ⅱ Ⅱ Ⅱ Ⅱ

从字面上来讲，他说的是对的。《金融服务和市场法》和之前的《金融服务法》均未提到"幌骗"行为或下达不打算执行订单的行为，但美国政府声称，萨劳的行为违反了立法禁止的"误导性陈述"条款的部分规定以及《欺诈法》规定——任何人做出虚假陈述，目的是自己盈利或导致他人损失的均属犯罪。这种争论提出了一个新的法律问题，即交易者的订单本身是否可以被分类为"陈述"。刘易斯认为不会，他指出所有 E-mini 订单中有90% 以上都会取消。为了提供证据，他引用南加州大学一位名叫拉里·哈里斯教授的证词，哈里斯通过视频连线了法庭。哈里斯是前 SEC 经济学家，写了一本名为《交易与交易所：从业者的市场微观结构》的书，曾与伯林盖姆合作处理过一个先前的案例。哈里斯同意接受这份工作的原因是他对 DOJ 将萨劳和"闪电崩盘"联系起来的决定感到不满。

哈里斯作为专家证人的工作是解释电子交易的运作方式。他反复强调，任何进入订单簿的订单都有被击中的危险，特别是像萨劳这样的人，他们与交易所的连接速度要比大多数 HFT 人员慢很多倍。萨劳的律师在总结性陈词中写道："美国将这些订单定性为伪造，但它们是真实的订单，使被告有可能以他发布订单的价格进行交易，这些订单具有交易的真实可能性。"哈里斯还认为，将订单远离最低报价而分层放置是交易者在少数情况下使用的正当策略，以防一个大型、具有侵略性的买家出现并立即扫清

闪 电 崩 盘
FLASH CRASH

订单簿上的多个价格等级。哈里斯暗示，通过下达这样的订单，萨劳实际上是在为市场提供宝贵的流动性，这与"报价匹配器"的高速实体的等级不同，它们习惯于在订单簿上等待大额卖单出现，然后下达一批比他们低一等级的订单，这种做法叫作"倾斜"。这是对一些 HFT 公司的策略以及有关"幌骗"的道德论点的有趣见解，但正如法官指出的那样，萨劳尚未接受审判，即将到来的法律问题比这还狭窄。

在交叉盘问中，哈里斯作为专家证人的可信性受到了质疑，因为他被迫透露与亨德肖特不同的是，他从未真正看过萨劳的交易记录。哈里斯接受成为专家证人时，萨劳的钱已经用光了，哈里斯同意以他正常薪水的一小部分完成这份工作，可以这么说，他的观点完全是理论上的。

可能"两国共认犯罪"这个论点受到的最大打击是因为有消息透露，就在听证会前几个月，英国金融监管机构已经对瑞士对冲基金达·芬奇投资公司因"幌骗"处以 700 万英镑的罚款。这是民事诉讼而非刑事诉讼，但事实惊人相似，动摇了"萨劳的行为在英国并不构成犯罪"的主张。当讨论围绕着萨劳展开时，萨劳弓着身子，向前低着头，促使法官询问他的身体状况。刘易斯说他的当事人还能撑得住，但也透露，萨劳除了患有阿斯伯格综合征以外，在监狱服刑后，一直在接受创伤后应激障碍的治疗。在原来的类似案件中，这样的诊断可能也会成为另一种反对引渡的论点，但最近的案件表明，目标的心理健康很少会成为请求阻止引渡的充分理由。

辩方的第二个论点与管辖权有关。根据《引渡法》，如果法官认为不符合司法利益，个人不应被引渡，同时应考虑到犯罪行为大多发生在何处、受害人在何处、如何取证以及英国当局是否打算进行自己的诉讼。萨劳仅在英国进行交易，正如刘易斯指出的那样，他甚至从未去美国度过假。另外，E-mini 是一个全球市场，其参与者来自世界各地。这个论点的问题是英国没有任何一个机构有兴趣起诉萨劳，因此增加了一种可能性——如果萨劳不被引渡，他就完全逃过了被起诉的可能性。"受害的是美国的个人、公司和整个市场。"政府大律师马克·萨默斯表示。

听证会结束之后，在 2016 年 3 月 23 日，法官批准了对萨劳的引渡。他写道："我注意到此案在'闪电崩盘'的标题下吸引了很多公众眼球，但涉及这一象征性事件的投诉只是指控行为中的一小部分。"关于两国共认犯罪的问题，他发现"陈述"是通过下达订单来进行的，鉴于大量修改软件，起诉中可以显示这一事实的动机。关于审判地点，法官有充分的理由认为美国是审判的理想地点，并且补充写道："纳温德·萨劳不希望也不愿意被引渡是可以理解的，很少有人会希望这样。"萨劳的律师等了几天才向高等法院提起上诉，这是最后一次"缓刑"。

尽管处境严峻，但萨劳不愿意，或者说他无法因为这件事而

闪　电　崩　盘
FLASH CRASH

放低姿态。那个夏天，当一些交易伙伴碰到他时，他告诉他们："他
们目前赢得了一切，但当我接受审判并开始准备真实的统计数据，
情况就会有所不同。"当被问及他如何保持乐观时，萨劳回答：
"你永远不知道明天会发生什么。我可能胜诉，走出法庭，然后
被汽车撞了。"当这种态度延伸到别人对他的看法时，他说："你
不能控制别人对你的看法，这是我在监狱里学到的东西。他们试
图让全世界都讨厌我，但是如果你的幸福取决于别人的想法，那
么你将永远都不会幸福。"

　　萨劳似乎很享受有机会放松自己，和交易伙伴们的谈话最后
进行了两个多小时，准备分开时，萨劳也反思了自己的经历以及
做出的决定，他说："我所希望的是尽我所能做到最好。只要我
发挥了自己的潜力，其他人做什么有什么关系呢？这就是我突破
障碍的方式，但是我在仓鼠轮上待了太久了。"萨劳表示，他一
直计划将钱捐给慈善机构，并因自己的"浮夸妄想"而感到恼火。
他说："当我入狱时，有一件事会让我很遗憾，就是我所拥有的
钱基本上没有帮助到任何人。可我太喜欢依靠交易赚钱了，很难
摆脱这种感觉。"

第三幕

ⅠⅠⅠⅠⅠⅠⅠⅠⅠⅠⅠ

庞氏骗局

2016 年 8 月，德国商业杂志《Brand Eins》发表了一篇名为《尚未支付》的文章，作者是一位叫因戈·马尔奇的记者。他注意到苏黎世围绕亚历杭德罗·加西亚的炒作，并决定进行一些调查。

马尔奇的职业生涯始于 2007 年的一家律师事务所，30 岁的加西亚当时出现了，他带着几页文件和一位翻译，寻求建立自己的银行。根据文件显示，当时他的合伙人包括一个伊朗实体和一个来自佛罗里达的商人伯顿·格林伯格。当问他银行名字时，加西亚说他想起名为"我的银行"。讨论毫无结果，但在 6 年后，这位律师在打开《新苏黎世报》时，惊讶地看到加西亚照片上方的个人简介，上面描述他是拉丁美洲最大的农业家庭之一的继承人。之后，马尔奇注意到，报刊上铺天盖地的都是加西亚的新闻，前一分钟谈论锂和金，后一分钟说起牛和藜麦，并在 2014 年 12 月宣布了收购 Arner 银行的计划。像 IXE 的投资者一样，这位来自远方、虚张声势的大资本家使记者们也陶醉其中，而且每一篇文章对他家族的估价都更高。加西亚坚称 IXE 是一家价值数十亿美元的公司，但没有公开账目。因此，马尔奇准备调查一下。

这位记者发现的第一件事是，加西亚在"我的银行"的合伙人格林伯格是被定罪的重犯，格林伯格与他的妻子和儿子涉嫌一

闪 电 崩 盘
FLASH CRASH

系列大型的投资欺诈行为。格林伯格现年 75 岁，就在那年（2016
年 2 月）因骗养老金领取者 1000 万美元而入狱，但涉及蒙古国中
央银行的较早骗局真正引起了马尔奇的注意。2005 年，蒙古国政
府正努力筹集 10 亿美元用于急需的公共住房，政府官员当时被介
绍给一些西方金融机构，表示可以提供帮助，根据中央银行 2010
年在佛罗里达州提起的诉讼，格林伯格和他的团队吹嘘自己与世
界上最重要的银行和资产管理公司有联系，他们告诉蒙古国的政
府官员，如果政府能够发行 2 亿美元的"信用证"作为抵押品（实
质上是具有法律约束力的借条），他们就能够想办法凑到这笔资金。
格林伯格的团队承诺到期时原封不动地归还这些票据，但记录显
示，他们一拿到这些文件，就试图找到愿意提前兑现的金融机构，
以获得高额折扣。当蒙古国官员了解情况时，他们已经设法获得
了 2300 万美元。在老挝、布隆迪和几内亚，他们都尝试过类似的
计划。

马尔奇发现了与萨劳首次考虑投资 IXE 时出现的相同内容的
法律文件，该公司一直在淡化这一点。正如 IXE 当时强调的那样，
加西亚本人从来都不是被告，与其他人不同，他居住在美国境外。
据称，加西亚非法、知情和故意参加了该企业，与苏黎世的蒙古
国人一起参加会议，利用其在中东的联络人和实体清算信用证赚
到了至少 300 万美元。加西亚拒绝就诉讼中包含与格林伯格的关
系或其他细节置评，但在 2010 年 9 月，格林伯格和其余被告被判

有罪，并被责令向蒙古国中央银行支付6700万美元，是蒙古国提出损害赔偿的3倍。

在这些发现的推动下，马尔奇开始调查加西亚传说中的其他商业股份。在接受媒体采访和潜在投资者的通信往来中，加西亚声称他已获得在玻利维亚210公顷优质土地上种植藜麦的专有权，但是当马尔奇与该国农业部联系说起这桩交易时，他们对此一无所知。马尔奇还与拉巴斯国际藜麦中心负责人埃德加·索里兹进行了交谈，他告诉马尔奇，该国95%的法定种植面积掌握在社区和合作社的手中，私人外国实体几乎不可能来玻利维亚买那么多土地，IXE的说法是异想天开。

马尔奇在加西亚提到的其他生意中发现了同样的故事。加西亚最近开始对记者和投资者说，IXE与玻利维亚成立了一家合资企业，在乌尤尼地区广阔的盐碱平原开采锂矿。在一篇文章中，他穿着披风，手臂伸向他声称控制的盐碱荒地。但是该国有严格的法律禁止外国人开采锂矿，国家盐岩委员会负责人称加西亚的要求不可能实现。加西亚另一个喜欢讲的是他如何在父亲的身边照看墨西哥整个家族的广阔农田。墨西哥农业生产者协会告诉马尔奇，尚无任何加西亚持有显著股份的记录。实际上，记者设法追踪的唯一属于该家族的土地是位于佛罗里达州113英亩的土地，甚至连加西亚的简历也查不到。2007年，加西亚告诉苏黎世律师，他拥有得克萨斯大学的MBA学位，但是在IXE的网站上，资料

闪　电　崩　盘
FLASH CRASH

显示他的硕士学位来自秘鲁的费德里科·比利亚雷亚尔国立大学。当马尔奇向加西亚询问这件事以及他发现的其他问题时，加西亚拒绝发表评论。

当《Brand Eins》准备公开调查情况时，《华尔街日报》刊登了一篇文章，报道 IXE 针对 Arner 银行的收购已经失败。用加西亚的话说是，他在发现该银行问题的真实程度后选择了退缩。但是《华尔街日报》援引的内部信件表明，他不愿意或无法拿出监管机构要求的 2800 万美元资金，也无法提供必要的文件，包括他的纳税申报单。这家银行的老板在长期的求援过程中为加西亚的开销提供资金，之后一直处于囊中羞涩的境地，被任命为董事长的著名银行家迈克尔·贝尔困惑而尴尬地离开了。马尔奇在文章中写道："需要资金的企业往往没有认真考虑潜在的合作伙伴，这一错误可能代价高昂，并且损害它们的声誉。没有那么多的高管停下来询问是谁出价，他们的背景是什么。"

对于阅读过这篇报道的 IXE 投资者来说，马尔奇的文章只是证实了他们最强烈的怀疑。萨劳被捕已经过去了 16 个月，加西亚仍然没有释放 8 名英国参与者委托给他的 7500 万美元，包括属于萨劳的 5500 万美元。很长一段时间以来，加西亚将不能释放资金的责任归咎于萨劳的不妥协，但是当麦金农和杜邦说服美国政府向萨劳的限制令中加入一项修正条款——授权 IXE 解除对 Cranwood 账户中约 1000 万美元的冻结，加西亚再次改口，说他

第 三 幕

‖‖‖‖‖‖‖‖‖‖‖

现在需要得到公司所属的南美当局的同意。实际上，IXE 不释放这笔钱是没有法律理由的，而当加西亚停止接听电话和回复电子邮件时，投资者们开始怀疑萨劳的情况是否是一块遮羞布。

萨劳的律师们于 2016 年 10 月 14 日抵达伦敦的皇家法院，进行最后一次阻止引渡的尝试。他们再次强调"幌骗"在英国不是犯罪，即使属于犯罪，审判也应该在萨劳居住的国家进行。这是一个令人绝望的请求，午餐时间过后不久，高等法院驳回了上诉，萨劳还有 28 天的时间就要移交给 FBI。在此之前，他必须做出决定，是继续战斗并在美国接受审判，还是尝试达成认罪协议。萨劳的律师向他描述了当前的状况，审判可能需要两年的时间，在此期间，他将被关押在芝加哥的监狱中，而且随着"疯狂眼"的电子邮件曝光，他获得成功的机会大大减少，特别是他现在没有钱，只能由一名公设辩护律师代理出庭。如果他的无罪辩护失败，可能会被关在美国数十年，对他来说，这是一场赌博。当月晚些时候，伯林盖姆飞往华盛顿，去了解 DOJ 对于一项协议的意向。

与英国的情况不同，美国的气氛十分活跃。那个夏天，各个调查机构的成员聚集在 DOJ 位于华盛顿的高科技网络实验室，感觉像聚会一样。萨劳父母家中查封的材料终于被提取并记录下来，现在可以查看了。在这一周的时间里，CFTC 的杰西卡·哈里斯和杰夫·勒·里奇、DOJ 的麦克·奥尼尔和 FBI 的一名特工带着伦敦警察厅的探员逐一浏览了萨劳的文档。会议室中还有一个欺

闪 电 崩 盘
FLASH CRASH

诈部门的负责人，名叫罗伯·辛克，他在布伦特·威布尔去白宫工作之后负责这个案子。被萨劳困扰了这么长时间，搜查他的硬盘让这些人感到兴奋。在这个过程中，调查人员发现"萨劳交易器"程序完好无损，萨劳每次使用都留下了详细的日志，交易本身变成了证据。

发现"萨劳交易器"并不是那一个星期全部的收获，在某个时候，有人点击了一个文件，弹出了一段萨劳交易时的视频画面，视频似乎是由一台摄像机录下的，摄像机的位置大概就在萨劳的身后。其他人目瞪口呆地看着这位交易员买卖数百万美元的E-mini，光标在屏幕上快速移动，Edge 和 TT 为他创建的定制功能也被激活，偶尔还会听到萨劳对于一些操作发出愤怒的声音。视频结束后，他们点击了另一个文件，其中包含了几天后的录像，像这样的文件还有很多。调查人员之前听说可能会有视频资料，现在看到萨劳多年来一直给自己录像，把这些视频剪辑后存档，当作他认为被其他市场参与者欺骗的证据，而正是这样，他也一次一次地把触犯法律的自己拍了进去。

看着萨劳在数月的时间里可以毫无生气地在数据中穿梭，有些不可思议，他的决策速度和他对订单簿的反应方式，不像调查人员以前看过的任何事情。他以录像的方式记录自己的交易过程就像一个强盗在自己打劫过的银行外面拍照，然后把这些自拍照留在手机上一样。

第 三 幕

IIIIIIIIIIII

有了"疯狂眼"的电子邮件、交易软件以及现在的视频，调查团队知道萨劳的案件已经结束了。曾有着好斗名声的检察官辛克惊叹于他前任的远见卓识并决心指控萨劳，在他被捕后出现了许多至关重要的证据。在团队就要分道扬镳之前，谈话转向了他们一直喜欢的话题——谁将在电影中饰演他们。科林·法瑞尔饰演勒·里奇，盖·皮尔斯饰演奥尼尔，约翰·古德曼饰演缺席的威布尔。哈里斯得到了最后的笑声，因为她坚持让史蒂夫·布西密这位男演员饰演自己。

伯林盖姆走进证券大楼，这是他原来常和DOJ打交道的地方，他一定意识到了自己和委托人几乎没有什么影响力。到目前为止，针对萨劳的证据已经是压倒性的，很难想象交易员在审判中除了被碾压之外还会得到什么。DOJ的盔甲中唯一的裂缝就是萨劳作为被告人是多么的可悲，特别是与HFT公司的某些所谓的受害人相比，甚至一些处理这起案件的人也开始对将萨劳送回监狱的想法感到非常不舒服。

伯林盖姆说，如果诈骗部门在量刑方面愿意同意更为宽松的处罚，萨劳准备对一些指控认罪，并且帮助当局处理正在进行的调查。政府对电子交易的掌握程度仍然有限，让一位内部人士解释他的交易行为和市场真正的运作方式，这可能是非常宝贵的。萨劳多年来还与一批不同的程序员和经纪人合作，这些人可能是当局想要锁定的目标。

闪　电　崩　盘
FLASH CRASH

内部讨论之后，检察官同意了这项协议，但条件是萨劳承认一切，并且证明他能透露具有价值的信息。对萨劳来说，这是一个了不起的结果，在几周前，这样的结果是不可想象的。辛克警告萨劳，如果他不能说出有价值的东西，就要接受审判。

2016 年 11 月 7 日，萨劳到达希思罗机场出乎意料的早，两名 FBI 特工在那里与他和伯林盖姆会面。在飞往芝加哥的途中，萨劳追问他们的工作内容以及是否曾经追捕过连环杀手。萨劳被带到大都会惩戒中心，这是芝加哥市中心一个臭名昭著的高层监狱，离 CME 只有一个街区的距离。第二天早上，萨劳被护送到德克森联邦大厦，这是一栋 30 层楼高的大楼，附近设有联邦法院和美国检察官办公室。萨劳的认罪听证会在 23 楼的法庭进行，时间定在第二天的下午。在此之前，他要在 5 楼的接待室里和 DOJ 还有 CFTC 的工作人员连续会面。

萨劳的第一个任务是向欺诈部门的辛克和奥尼尔以及 FBI 特工说明情况，伯林盖姆也在这里。在任何类似的案件中，开场的 10 分钟都是至关重要的，根据对萨劳心理状况的了解，他们不确定该抱有怎样的期待。萨劳回答了一些自己交易早期的重要问题，关于他的操作以及原因，他没有含糊不清的表达。当被问及是否知道自己的行为是违法的时候，萨劳承认了；被问及是否下达了意图欺骗他人以赚钱的订单时，萨劳也承认了。在接下来几个小时的问话里，他们依据起诉书的内容，一行一行地询问，萨劳的回答填补

第 三 幕

||||||||||||

了 DOJ 工作人员认知中的空白，并且指出了他们出错的地方。

经历了过去几年的压力，萨劳说他终于松了一口气，事情也终于结束了。之后，他们又谈到了萨劳的经纪人、竞争对手、对 HFT 的看法以及他的资金动向。萨劳认为操纵和欺骗的手段在市场中很普遍，他知道如何识别它们，萨劳坦诚的态度和清晰的说话方式让 DOJ 确信他是可以合作的人。问话结束后，他们给萨劳买了一些食物，萨劳对可以吃到真正的美国汉堡感到很兴奋。

CFTC 的勒·里奇耐心地等待与萨劳达成单独的认罪协议。在多个机构参与的调查中，民事机构都有被刑事机构碾压的危险，而 CFTC 发现 DOJ 已经基本同意了萨劳的认罪请求。勒·里奇和他的同事虽然是调查的发起者，但他们被剥夺了参与审判的权利。当伯林盖姆、萨劳和勒·里奇最终坐下来喝咖啡时，他们谈论的重点是钱，更具体地说就是，萨劳需要拿出多少钱。CFTC 的处罚金由追缴部分组成，包括被告的非法所得和民事罚款，最高可达该金额的 3 倍。DOJ 已经同意将追缴金额中的 1287 万美元作为认罪协议的一部分，另外的处罚金额由勒·里奇决定。伯林盖姆希望确保当萨劳不再受到监控且不允许交易时，他能继续维持生活。勒·里奇对此进行了反驳，他认为萨劳不应保留从欺诈中得到的任何东西。最终，他们达成了 2 倍于其收益的协议，总金额达到 3860 万美元。这是一个惊人的数目，但 IXE 如果归还了萨劳的资金，他还能剩下几百万美元。

闪 电 崩 盘
FLASH CRASH

到现在为止，萨劳已经超过 48 个小时没睡觉了，当萨劳要被送回监狱时，伯林盖姆敦促 DOJ 表示一些同情，让他的委托人可以在会议室里过夜，由 FBI 特工当守卫。DOJ 方面考虑了这个请求，但出于安全的原因，最后还是把萨劳送回了监狱。

第二天，2016 年 11 月 9 日，认罪听证会于下午 2 点开始。法庭里的旁听席座位只坐了一半的人，几个政府律师、一些看起来很疲惫的记者，还有一些期货行业的从业者。萨劳穿着橙色的囚服坐在被告席。当法官问他有关自己的精神状态以及他是否理解他要认罪的决定时，他的回答因为紧张而有些含糊不清，随后，他承认了最初 22 项指控中的两项指控，一项是电信欺诈，涵盖了他 5 年里的行为；另一项是 2014 年 3 月的一次欺骗。关于大宗商品市场欺诈和操纵行为的指控，最后被撤销了。

在美国，量刑是根据《联邦量刑准则》计算的，根据被告罪行的具体情况增减等级，同时考虑被告的犯罪历史。萨劳的建议刑期为 78 ~ 97 个月之间，然而依据协议条款，萨劳将获得一个机会，通过民事调查或刑事调查中向政府提供协助来减轻他的监禁刑罚，甚至可能是全部。通常，被告会在入狱时提供这种合作，但 DOJ 已经允许萨劳返回英国并从那边帮助他们。当法官对这种不寻常的安排表示怀疑时，伯林盖姆介入说："他在模式研究和数学方面具有非凡的能力，但也有一些相当严重的社会限制和其他限制，如果将他监禁，将不具备履行协议中合作条款的能力。"

第 三 幕

||||||||||||

　　法官同意,但条件是萨劳放弃护照、停止交易、避免饮酒过多、避开任何可能的证人并保持晚上 11 点的宵禁,他的判决将被推迟到 DOJ 不再需要他为止。法官要求萨劳确认他同意 1287 万美元的罚金,伯林盖姆说萨劳已经确定。到目前为止,Kobre&Kim 追回了 650 万美元,实际上是从 R.J. 奥布莱恩交易账户中没收的。关于萨劳的罚金,律师解释道:“我们在过去 16 个月中一直与CFTC 进行一项诉讼程序,试图收集被告的所有资产,我的意思是,他投资了一个‘庞氏骗局’。”法官同意用萨劳的父母和他哥哥贾斯文德价值 75 万美元的房子做抵押以代替其全部金额,为了确认这种安排,她给萨劳的父母家打了一个电话,并用法庭的扬声器播放出来。

　　“晚上好,我是肯德尔法官。你能告诉我是谁在听电话吗?”

　　“我叫纳查塔尔·萨劳。”

　　“达尔吉特在你身边吗?”

　　“是的,她也在这儿。”

　　“好的,可以了。萨劳先生,我现在在芝加哥的法庭上,您的儿子刚刚承认了对他的指控,我正在考虑释放他的一些重要条件。他在这里提出了一项建议,你与妻子一起居住的房子将成为担保的一部分,这意味着如果你的儿子违反了我对他施加的约定条件之一,你可能会失去现在住的房子。你明白吗?”

　　“是的,我明白,法官大人。”

和萨劳的父母介绍了一遍释放条款之后,法官问萨劳的父亲是否有任何补充。纳查塔尔说:"我只想说最重要的事情,他连一点儿带酒精的东西都不喝,甚至不喝茶和咖啡。"说完之后,他的儿子尴尬地摇了摇头。

法官与贾斯文德进行了类似的交谈,然后结束了诉讼。萨劳的律师和DOJ同意在几个月后回来提供有关合作进展的最新信息,萨劳暂时可以自由离开。下午3点30分过后,萨劳慢慢走出法庭。为了这一刻而努力的调查员、FBI特工和律师们忽然被一种奇怪的感觉包围。之后,他们一起去吃了晚饭,为臭名昭著的"闪电崩盘交易员"干上一杯。

有本事就来抓我

在 IXE 的一位投资者威胁要刺破他的脑袋之后,亚历杭德罗·加西亚于 2016 年 11 月 21 日在苏黎世的万豪酒店召开了债权人会议。15 ~ 20 位参与者和他们的顾问从英国和其他地方赶来,听加西亚解释他们的钱都做了什么以及为什么停止支付利息。他们事先已经达成一致,如果不满意,就会起诉加西亚。

第 三 幕

||||||||||||

可以俯瞰利马特河的万豪酒店位于苏黎世风景如画的旧城区，是举办婚礼的热门场所，会议室则是为接待客人专门设立的。加西亚和 IXE 的另一位董事坐在前排的长桌旁，与两名律师坐在一起，其中包括一位身材高大的瑞士籍德国人，费利克斯·费舍尔博士。房间里站满了保安，投资人进来之前必须出示身份证。

这些投资人坐满了六张圆桌后，加西亚感谢了他们的到来，然后打开了准备好的幻灯片。他迅速单击点过了一项免责声明——IXE 没有对他即将要说的事情准确性、完整性或任何目的的适用性做出任何保证。加西亚在标题为"当前形势"的幻灯片上停下来并表示，IXE 受全球大宗商品市场下滑的冲击是无法预测的，这就是为什么公司在 2014 年从支持其他公司的无风险交易转向在农业领域直接投资。加西亚说，如果不是因为与主要投资者有关的法律问题导致公司及相关公司面临银行和商业关系中的连带反应，这种改变将保留资本并带来稳定回报。换句话说，萨劳的法律问题让一家拥有 7 万名员工和年收入 50 亿美元的国际企业陷入了混乱。

愤怒的投资者这时开始质问他们的钱到底在哪里，加西亚说 IXE 处于现金流动性限制之中。他向投资者解释说公司在世界各地都拥有资产，包括玻利维亚价值 1.92 亿美元的 3000 万平方米土地，最近还签订了一份合同，向一家重要的农业公司提供藜麦，加上其他收益，最终将实现每年约 8600 万美元的综合收入。在实

闪　电　崩　盘

FLASH CRASH

际投资方面，IXE 已向佛罗里达、新加坡、瑞士和玻利维亚的四个私营实体转入了 6500 万瑞士法郎，但没有一家提出要审计账目。加西亚解释说，这样做可以有足够的现金来偿还房间里的投资人和萨劳的 7500 万美元，以及欠亚当森、萨维奇、麦金农和杜邦等介绍人的 1050 万美元佣金，唯一的问题是清算资产将花费几个月，甚至几年。因此，如果投资者想要回自己的钱，必须得有耐心。为了透明起见，他提出带一个代表团去南美看看他们的资金是如何使用的。

　　加西亚说完之后，房间里的投资者突然爆发了。代表其中一位投资者的律师站起来问他有什么证据表明这些钱就在他所说的地方；另一位投资者问他为什么资金从 Arner 银行转移到其他实体，而在签署合同的时候说明资金将用于仅通过非投机性交易与已到位的实际最终购买者进行的交易；还有一位投资者说他从未授权将自己的钱从摩根士丹利中取出。随着问题如雨点般降临，加西亚保持沉默，费舍尔博士代表他回答。同时，他的妻子叶卡捷琳娜身着名牌服装，到每张桌子前派发根本没人要的食物。最终，一位沮丧的投资者说他们为什么不走出酒店，然后去最近的警察局。在这一点上，IXE 的反应是明确的，如果有人采取任何法律行动，公司将倒闭，投资者永远不会再见到他们的钱。加西亚认真地说，最好还是相信他。

　　投资者们讨论了一段时间，然后勉强同意给 IXE 更多的时间。

第 三 幕

||||||||||||

能说的都说完之后，他们还能有什么选择呢？加西亚感谢他们的耐心，在保镖的簇拥下走到了酒店的一个侧门，那里有一辆黑色的奔驰车正等着把他迅速带走。

2017 年 2 月的第一周，FBI 的两名特工、欺诈部门的罗伯·辛克和麦克·奥尼尔以及 CFTC 的杰夫·勒·里奇飞往伦敦，他们希望给用一周的时间尽可能地从萨劳那里获取更多的信息。在 Kobre & Kim 的办公室，气氛很轻松，不再像前几周那样紧张，萨劳甚至问，既然他现在为政府工作，是否可以在他的笔记本上盖上 DOJ 的印章。

几天来，萨劳给美国政府开了一个速成课，内容涉及投机、复杂的市场结构以及如何识别是否有人在进行"幌骗"行为。他的知识面很窄，但深度令人难以置信。萨劳讲话不用术语，条理清晰，便于理解。在他谈到策略和市场参与者留下的足迹时，采访者做了笔记并问了一些问题。当他们询问萨劳他的经纪人对这些知识知道多少，以及他们在他的交易里扮演什么角色时，萨劳说他们什么都不知道，只想要钱。问到像吉特什·塔卡尔这样的软件开发人员时，萨劳的答案并不那么明确。如果你为某人定制武器，你对他们如何使用武器承担多少责任？

一周快结束的时候，这些人去一家高档餐厅吃午餐。菜单上没有汉堡，萨劳点了一份牛排，并且发誓说自己从未听过蛋黄酱。他们聊了聊伦敦的旅游景点，以及如果他们在死囚牢房时要点的

闪　电　崩　盘
FLASH CRASH

食物。萨劳之后让整张桌子的人开怀大笑，因为他讲了一件事：他在完成一笔价值 100 万美元的交易时，他的母亲正在问楼上的他在干什么。在那几分钟里，这些人很容易忘记他们为什么会聚在一起。

||||| 后记

这本书源于一段奇妙的命运安排。2015年4月，在纳温德·萨劳被捕时，我正好在伦敦的彭博社当记者。打了一圈电话之后，我惊讶地发现我的一位老朋友曾和萨劳同时在Futex租用办公桌。他告诉了我一些关于萨劳的事，然后我鼓起勇气开始写故事大纲。我采访过的每个人都能清晰地记得纳温德·萨劳，这要归功于他非凡的才能和荣耀至上的态度，这是少有的能够进入主流社会的金融故事——迷途的天才小子突然发现自己成为美国政府的攻击目标。当我看到"豪恩斯洛猎犬"奋力抵抗英国和美国的法律制度时，顿时看得入迷了。萨劳的律师在法庭上透露，尽管萨劳赚了4000万英镑，但这位标普500指数的主要操纵者却无法支付罚款，因为他本人竟是庞氏骗局的受害者，然后我就知道必须有人要写一本书出来才行。

这是一部非虚构的作品，我描写的所有人物和事件都是真实的，细节没有更改或刻意夸大。叙事时查阅了很多公共资料和个人文件材料，并多次访问了超过150个涉及本故事各个方面的人。

闪 电 崩 盘
FLASH CRASH

由于目标话题的敏感性，大多数人都是匿名采访。书中有对话的地方，都是基于一个人或多个人参与或见证这场对话的回忆，对话的准确性已经经过所有参与者的验证。作为事实检验过程的一部分，书中提到的每个人我们都联系过，并询问与他们有关的材料是否准确。超出我自己报道范围的东西，我大量地阅读了学者、作家、律师、金融专业人士以及记者同行的作品，尤其是在关于HFT和"闪电崩盘"的章节。在动笔之前，我读了迈克尔·刘易斯的《高频交易员》、斯科特·帕特森的《暗池》和《宽客》、约翰·萨塞克斯的《首日交易员》和埃德温·利非弗的《股票作手回忆录》，这几本书对于我来说都是极有价值的。

当我在 2017 年着手这个大工程的时候，萨劳已经承认了自己的欺诈罪和电信诈骗罪。作为认罪约定的一部分，他同意继续为美国政府提供其他案件的协助，他的判决推迟了。24 个月之后，这本书完成时，萨劳仍然没有被判刑，这意味着没有可能采访到他本人。不过，我确实向萨劳的团队提供过详细的事实清单，对于他们在出版之前提供的反馈意见，我深表感谢。萨劳没有看过这本书的原稿，也没有经过他本人的核准，我期待有一天，他可以亲自讲述自己的故事。